Sin *Miedo* al *Amor*

Sin miedo al amor es una guía para liberarnos del sufrimiento y lograr la paz interior, la cual se obtiene cuando aprendemos a perdonar al mundo y a las personas que habitan en él.

Este es un libro que ha surgido del mismo corazón y le ayudará a experimentar amor, paz y tranquilidad. Siéntase unido a los otros seres humanos, considerando cada instante de nuestra vida como una oportunidad para un nuevo despertar proyectando nuestra naturaleza llena de amor.

Sane su mente y su espíritu, crezca mentalmente escuchando su voz interior y aprenda a descansar en los suaves brazos de la satisfacción yendo por la vida *Sin miedo al amor.*

Dr. Gerald G. Jampolsky

Sin Miedo al Amor

OBRA PUBLICADA
INICIALMENTE CON EL TÍTULO:
El amor al prójimo

SELECTOR
actualidad editorial

SELECTOR
actualidad editorial

Doctor Erazo 120   Tels.   588 72 72
Colonia Doctores   Fax: 761 57 16
México 06720, D. F.

SIN MIEDO AL AMOR
Título original en inglés: *Love Is Letting Go Of Fear*

Traducción: María Elena Martínez de Anda
Diseño de portada: Mónica Jácome
Ilustraciones de interiores: Jack O. Keeler

ISBN-13: 978-968-403-914-8
ISBN-10: 968-403-914-X

Décima Quinta reimpresión. Julio de 2007.

Contenido

Nota del autor

nseñamos aquello que queremos aprender, y yo quiero aprender a experimentar paz interior.

En 1975, el mundo exterior me percibía como un psiquiatra exitoso, quien parecía tener todo aquello que deseaba. Sin embargo, mi mundo interior era caótico, vacío, infeliz e hipócrita. Recientemente, mi matrimonio de 20 años había terminado en un divorcio muy doloroso. Tomaba en exceso y había desarrollado un dolor de espalda crónico, como una forma de manejar la culpa.

Fue en ese momento que me encontré con unos escritos titulados *A Course in Miracles*.[*] El *Curso* podría definirse como una especie de psicoterapia

---

[*] *A Course in Miracles,* publicado por la Foundation for Inner Peace, P.O. Box 635, Tiburón, CA 94920.

espiritual autodidacta. Quizá fui el más sorprendido cuando me vi involucrado en un sistema de pensamientos que utiliza palabras como *Dios y Amor*. Había creído que yo sería la última persona que pudiera interesarse en dichos escritos. Criticaba severamente a las personas que seguían una senda espiritual; las calificaba de miedosas y creía que no utilizaban su intelecto de la manera apropiada.

Cuando empecé a estudiar el *Curso*, tuve una experiencia que fue sorprendente pero, al mismo tiempo, muy confortante. Escuché una voz interior, o quizá sería más exacto decir tuve la impresión de escuchar una voz, que me dijo: "Doctor, debes sanar tu mente: esa es la solución".

Descubrí que el *Curso* era esencial para poder lograr mi transformación personal. Me ayudó a darme cuenta de que realmente sí tenía la opción de experimentar paz o conflicto, y que dicha opción siempre se encuentra entre aceptar la verdad o la ilusión. La verdad fundamental de todos nosotros es que la esencia de nuestro ser es el Amor.

El *Curso* afirma que existen únicamente dos emociones: el amor y el miedo. El primero es nuestra herencia natural, el segundo es fabricado por nuestra mente. El *Curso* sugiere que podemos aprender a liberarnos del miedo por medio del perdón y de considerar a todos, incluyendo a nosotros mismos, como personas libres de culpas. Al aplicar los conceptos del *Curso,* tanto en mi vida profesional como en mi vida personal, empecé a experimentar periodos de paz que nunca había creído posibles.

Me gustaría añadir que en algunas ocasiones todavía me siento deprimido, culpable, irritable y enojado. Sin embargo, actualmente estos estados de ánimo duran únicamente periodos breves, pero en el pasado solían durar lo que me parecía toda una eternidad. Me sentía víctima del mundo que veía. Cuando las cosas salían mal, culpaba al mundo o a las personas que se encontraban en él de mi desdicha y creía que mi enojo estaba justificado. Ahora, sé que *no soy víctima* del mundo que veo y, por lo tanto, asumo la responsabilidad por lo que percibo y por las emociones que experimento.

Todos somos maestros unos de otros. He escrito este libro porque creo que al enseñar lo que yo mismo quiero aprender —paz interior— me será más fácil lograrla. Este enfoque no es para gente que busca un gurú, ya que considera, a todas las personas por igual, como maestros y alumnos.

En la medida en que cada uno de nosotros nos acerquemos a nuestra única meta —lograr la paz interior— también podremos experimentar la unión de nuestra mente, lo cual es resultado de eliminar todo aquello que no nos permite percatarnos de la presencia del Amor.

Juntos, por lo tanto, demostremos en nuestra propia vida lo que *A Course in Miracles* afirma:

Enseña únicamente Amor, ya que esto es lo que tú eres.

Jerry Jampolsky
Tiburón, California
Mayo 1, 1979

Prólogo

e tenido muchas oportunidades de observar a Jerry en circunstancias que podrían describirse como estresantes: a media noche, esperando a una adolescente que se encontraba a nuestro cuidado y quien se había perdido en uno de los barrios más peligrosos de Chicago; comiendo, tratando de dormir y tomando aviones en singulares horarios mientras viajábamos por el país dando pláticas; jugando tenis a las 6:30 de la mañana, (¿esto se podría considerar estresante?); encerrado en una habitación durante horas con otras dos personas, tratando de llegar a un acuerdo sobre casi cada una de las palabras que serían incluidas en un manuscrito del tamaño de un libro; perdido, retrasado para una cita y buscando una manera más rápida de llegar a ella; también lo he observado trabajando con un niño que padecía una enfermedad terminal en una

habitación pequeña y llena de gente, tratando de enseñar al niño (con éxito) cómo liberarse del dolor.

Le relato todo esto para que entienda todo lo que está detrás de la siguiente afirmación: Jerry Jampolsky vive lo que enseña. Sé que este libro ha surgido del centro mismo de su corazón. Nada de lo que aquí se ha escrito es demasiado elevado o algo que no se pueda llevar a la práctica. Lo he visto vivir cada línea de este libro desde que lo conozco.

Mi trabajo, además de escribir libros, es la Intervención en Crisis. Antes de eso, me desempeñé como consejero, maestro de escuela, y practiqué la cura espiritual (y algunas otras cosas que en este contexto no son relevantes). Existe un principio que rodea, como una banda luminosa, a las personas que realmente tratan de ayudar a otros. Y ahora sé, después de haber visto el trabajo de Jerry con víctimas de accidentes y enfermedades, que este principio siempre se aplica, no importa que quien necesite ayuda sea un enfermo terminal, alguien con daño cerebral, o una persona en estado de coma e incapaz de articular palabras para expresar sus grandes necesidades. Este principio es: Yo no puedo ayudar realmente a otra persona, si no considero que ambos estamos juntos en el problema. Todas nuestras diferencias son superficiales y no tienen ningún significado. Lo que verdaderamente importa son todas las cosas incontables que nos hacen semejantes.

Yo no puedo sentarme con un padre que abusa de su hijo y pensar: "Eres un sinvergüenza, golpeas a tu hijo; yo no golpeo al mío", y ser de utilidad a ese hombre. Sin embargo, si honestamente examino el contenido de su ira, y no la forma en la cual la expresa, podré reconocer esa ira como mía. Todo sentimiento de enojo o ira se expresa de alguna manera y la ira que se expresa de una forma indirecta o errada no es superior a la ira que se expresa directamente. Reconociendo esto, puedo sentirme ligado a él para que juntos busquemos ese centro espiritual que nos une a todos los seres humanos desde nuestro interior.

El viejo modelo de cómo ayudar a otros estaba basado en la desigualdad. Había algo "malo" en mí: yo era un problema de disciplina en la escuela, un alcohólico, un suicida, tenía una enfermedad catastrófica, o un resfriado. Era diferente de usted, no importa cómo se manifestara la diferencia, porque en todos los casos recurría a usted porque creía que usted sabía más que yo o contaba con las habilidades de las cuales yo carecía. Entonces usted enfocaba toda su experiencia hacia mi problema y, al hacerlo, lo sacaba del contexto de mi vida. Ya no era mi problema. Había depositado la responsabilidad en usted, y entonces usted me decía qué pensar y qué hacer.

Si ese modelo hubiera sido todo lo que existía para podernos ayudar los unos a los otros, creo que se hubiera podido lograr muy poco. Pero siempre hemos sabido de sus deficiencias, por lo menos de manera intuitiva, y este reconocimiento, por más vago que haya sido, permitió que algo más se desarrollara. Este libro trata sobre ese algo más. Es práctico porque *no* es nuevo. Sin embargo, es diferente porque ese algo más se expone en la forma más absoluta posible. Lo cual hace que este libro sea radical.

Posiblemente sería beneficioso para algunos lectores el que exprese, en mis propias palabras, mi percepción del enfoque con el cual Jampolsky ve la vida. Jerry argumentaría que su enfoque es el mismo que el de *A Course in Miracles*, y estaría de acuerdo, ya que yo estudio el *Curso*. Sin embargo, agregaría una modificación: cada quien tiene su modo único de afirmar la Verdad que ve, y esta forma única es importante, porque usted y yo sólo entraremos en contacto con determinadas personas durante toda nuestra vida, y en esos contactos, la honestidad será el recipiente que contenga todos los dones que daremos y recibiremos.

Ya que éstas son palabras mías, pueden sonar más religiosas que las de Jerry, pero si usted pasa por alto esta diferencia, prometo tratar de permanecer dentro del espíritu bondadoso que es Jerry.

Todos nosotros hemos recibido todo aquello que necesitamos para ser felices. Mirar directamente a este instante es estar en paz. Esto significa no preocuparnos por lo que el Amor nos tenga reservado para el mañana, ni tampoco por lo que dijimos o hicimos en el pasado, o por el hecho de pensar que alguien que nos haya lastimado en el pasado, reciba su merecido. Estar completamente satisfechos en este momento es un estado mental muy poderoso por su capacidad intrínseca de sanar y extender la paz, que no se puede describir con palabras. La ansiedad —la única alternativa que tenemos cuando no confiamos en lo que está sucediendo— es un estado de inmovilización que surge cuando dirigimos todas nuestras energías hacia lo que creemos no se puede cambiar: lo que ya pasó o lo que aún no ha sucedido.

Hace aproximadamente dos meses, un hombre me llamó y me dijo que había perdido su empleo, su esposa se había divorciado de él y su vecina se negaba a tener relaciones con él. Pero este último problema se solucionaría en muy poco tiempo, ya que él tendría que dejar ese departamento. Me dijo que *"A Course in Miracles"* no funcionaba.

Mientras hablábamos, recordó el día en el cual había perdido su empleo y comparó las fantasías que tuvo ese día en relación con lo que le sucedería, y con lo que en realidad sucedió. Aunque no había recibido todo lo que hubiera podido imaginar, él tenía todo lo que realmente necesitaba. Estuvo de acuerdo en que, al examinar las cosas honestamente, su situación de momento-por-momento no había sido infeliz. Lo que lo había hecho sentirse mal fue su *interpretación de la situación*. Él tenía que recordar que se había calificado a sí mismo como un hombre que fue despedido de su empleo. Cuando examinó de cerca lo que sucedió después de su divorcio, descubrió que éste no lo privó del amor. El amor había permanecido con él en una forma que él ahora podía entender y apreciar: En su vida había muchas otras personas que lo amaban.

El Amor en sí mismo permanece invariable; únicamente cambia el cuerpo particular del cual algunas veces lo esperamos. El curso nos prometía la paz y, ni su arrendador ni su ex-patrón tenían el poder para romper dicha paz. Nada puede interferir con la paz de nuestra vida, excepto nuestra propia interpretación errónea de la misma. La interpretación errónea de nuestra vida siempre será un obstáculo para lograr la paz.

Este instante que vivimos es todo lo que necesitamos, y en este instante lo tenemos todo. Por lo tanto, podemos tener fe en lo que sucede porque nunca habrá un tiempo que no sea este instante. Somos amados. Pero no podremos ver el Amor si dirigimos nuestras mentes hacia todo excepto lo que tenemos cerca. Debemos aprender a descansar en los suaves brazos del Amor y no preocuparnos por nada más.

Terminaré con una bella historia que me contó un amigo.

Un hombre, que había llegado al final de su existencia, se presentó ante Dios. Y Dios repasó su vida y le mostró las muchas lecciones que había aprendido. Cuando terminó, Dios le dijo, "Hijo mío, ¿hay algo que me quieras preguntar?". Y el hombre le contestó, "Mientras me estabas mostrando mi vida, me percaté de que cuando ésta era feliz había dos pares de huellas y sé que Tú caminabas junto a mí. Pero cuando tuve problemas únicamente vi un par de huellas. ¿Por qué, Padre, me abandonaste en los tiempos difíciles?". Y Dios le respondió, "Lo estás malinterpretando, hijo mío. Es verdad que cuando los tiempos eran buenos yo caminaba junto a ti y te señalaba el camino. Pero en los tiempos difíciles sólo hay un par de huellas porque yo te llevaba en brazos".

Hugh Prather
Santa Fe, Nuevo México
Junio 23, 1979

Introducción

i amigo, Hugh Prather, ha escrito: "Debe haber otra forma de ir por la vida que no sea el ser empujado por ella pateando y gritando".

Yo creo que *sí hay* otra forma de ir por la vida y esto requiere que estemos dispuestos a cambiar nuestra meta.

En todas partes la gente se está percatando, cada día más, de que nos estamos destruyendo a nosotros mismos y al mundo en que vivimos. No parecemos ser capaces de cambiar al mundo, de cambiar a otras personas o de cambiarnos a nosotros mismos. Muchos de nosotros, aferrándose a nuestros viejos sistemas de creencias, hemos tratado, en vano, de liberarnos de la frustración, del conflicto, del dolor y de la enfermedad.

Actualmente existe una búsqueda, que se extiende rápidamente, de una mejor forma de ir por la vida, lo cual está despertando una nueva conciencia. Es como un torrente espiritual que está a punto de limpiar la tierra. Esta transformación nos está motivando a mirar hacia dentro de nosotros mismos, a explorar nuestro espacio interior. Entonces nos damos cuenta de la armonía que siempre ha existido ahí.

Al mirar hacia dentro de nosotros mismos, también tomamos conciencia de una voz interior intuitiva, la cual nos proporciona una fuente muy confiable de guía. Cuando los sentidos físicos son silenciados, y empezamos a escuchar esa voz interior, nos damos cuenta de que sí podemos sanar y crecer mentalmente. En este silencio, en el cual ya no existe conflicto, podemos experimentar el gozo de la paz en nuestra vida.

A pesar de que queremos experimentar la paz, la mayor parte de nosotros aún buscamos algo más que nunca encontramos. Seguimos tratando de controlar y predecir el futuro y, por lo tanto, nos sentimos aislados, desunidos, separados, solos, fragmentados, no amados y no dignos de ser amados. Nos parece que nunca tenemos suficiente de aquello que creemos desear, y nuestras satisfacciones son altamente transitorias. Aun con las personas cercanas a nosotros mantenemos relaciones de amor/odio. Son relaciones en las cuales sentimos la necesidad de recibir algo de otra persona; cuando la necesidad es satisfecha, la *amamos* y cuando la necesidad no se satisface, la *odiamos*. Muchos de nosotros hemos descubierto que, aun después de obtener todas las cosas que creíamos desear en términos de trabajo, familia o dinero, aún existe un vacío en nuestro interior. La Madre Teresa de Calcuta, India, llama a este fenómeno *carencia espiritual.*

En todo el mundo se acepta, cada vez más, la necesidad de sentir una satisfacción interior, en lugar de depender de símbolos de éxito externos. Cuando sentimos el deseo de *lograr* algo de otra persona o del mundo y fracasamos, el resultado es el estrés, el cual se expresa por medio de sentimientos de frustración, depresión, dolor, enfermedad o muerte. La mayor parte de nosotros realmente queremos deshacernos del dolor, de la enfermedad y de las frustraciones, pero aún mantenemos nuestras antiguas creencias. Quizá el aferrarnos firmemente a éstas es lo que provoca que caminemos en círculos.

El mundo que vemos, el cual nos parece demente, es el resultado de nuestros viejos sistemas de creencias que no funcionan. Para poder percibir el mundo de una manera diferente, debemos estar dispuestos a cambiar dichas creencias, a dejar que el pasado quede atrás, acrecentar nuestra percepción del *ahora* y eliminar los miedos de nuestra mente. Esta nueva percepción nos hace darnos cuenta de que no somos seres aislados, sino que siempre hemos estado unidos.

Existen muchos caminos válidos que nos conducen hacia la transformación y paz interior. Este pequeño libro está escrito para que sirva de detonador a aquellas personas que estamos motivadas a experimentar una transformación personal que nos conduzca hacia una vida de dar y de Amor, y nos aleje de una vida de tratar de recibir y de miedos. En pocas palabras, este libro trata sobre la auto-satisfacción que se obtiene a través del dar. Sus palabras y sus dibujos nos muestran cómo podemos aplicar, a las situaciones cotidianas que todos nosotros enfrentamos, los pasos que necesitamos dar para lograr nuestra transformación personal. Está escrito para ayudarnos a eliminar los obstáculos que no nos permiten percatarnos de la presencia del Amor, nuestra verdadera realidad, para que así podamos experimentar los milagros que el Amor puede lograr en nuestras vidas.

Como se sugiere en *A Course in Miracles, nuestra única meta será lograr la paz interior y nuestra única función será la de practicar el perdón.* Para lograrlo, debemos escuchar la voz de nuestro maestro interior. De esta manera, podremos aprender a sanar nuestras relaciones, experimentar paz interior, y liberarnos de nuestros miedos.

Mi felicidad presente es todo lo que veo

Parte I

Preparación
para la
transformación personal

Todos los temores
se encuentran
en el pasado y únicamente
el Amor se encuentra
aquí y ahora

¿Qué es real?

A la mayor parte de nosotros nos cuesta trabajo distinguir qué es real. Aunque tenemos la sensación de que hay algo más, tratamos de ajustarnos a una realidad que se basa exclusivamente en la información que recibimos de nuestros sentidos físicos. Para reforzar esta "realidad", nos basamos en lo que nuestra cultura define como normal, saludable y, por lo tanto, real.

Sin embargo, ¿en dónde entra el Amor en este esquema? ¿No tendría mayor significado nuestra vida si dirigiéramos nuestra mirada hacia lo que no tiene principio ni final? Lo único que encaja en esta definición de lo eterno es el Amor. Todo lo demás es transitorio y, por lo tanto, carece de significado.

El miedo siempre distorsiona nuestras percepciones y no nos permite comprender claramente lo que está sucediendo. El Amor es la ausencia total del miedo. El Amor no hace preguntas. Su estado natural es de extensión y expansión, no de comparación y medimiento. El Amor, entonces, es realmente todo aquello que es valioso. El miedo no nos puede ofrecer nada porque el miedo no es nada.

Aunque el Amor siempre es lo que nosotros realmente deseamos, a menudo le tememos sin saberlo a nivel consciente y actuamos como ciegos y sordos ante su presencia. Sin embargo, al ayudarnos a nosotros mismos y al ayudar a los demás a liberarnos de nuestros miedos, comenzaremos a experimentar la transformación personal. Empezaremos a ver más allá de nuestra vieja realidad, la cual definen nuestros sentidos físicos y entraremos a un estado de claridad en el que descubriremos que todas las mentes están unidas, que compartimos una Naturaleza común y que, en realidad, lo único verdadero es la paz interior y el Amor.

Si el Amor es nuestra única realidad, la salud y la unión con los demás pueden ser considerados como paz interior, y el sanarnos puede ser considerado como liberarnos del miedo.

El amor, por lo tanto, es liberarse del miedo

Nuestro pasado

Todos nosotros fabricamos nuestra propia basura y estática, las cuales sirven de obstáculos para ver, oír y experimentar el Amor que existe dentro de nosotros mismos y en los demás. Estos obstáculos, que nos hemos impuesto nosotros mismos, nos mantienen atrapados en un antiguo sistema de creencias, el cual utilizamos repetidamente, a pesar de que no nos proporciona lo que deseamos.

Se podría decir que la mente contiene rollos de películas de nuestras experiencias pasadas. Estas imágenes las sobreponemos no sólo los unos a los otros, sino también a los lentes a través de los cuales vivimos el presente. Como resultado nunca vemos u oímos las cosas como realmente son; únicamente vemos fragmentos del presente a través de toneladas de viejos recuerdos distorsionados que ocultan la realidad.

Si realmente estamos dispuestos a hacerlo, nosotros podemos utilizar la imaginación activa, con una eficacia cada vez mayor, para eliminar todo lo que esos viejos rollos contienen excepto el Amor. Este proceso requiere que nos liberemos de nuestros viejos lazos hacia la culpa y el miedo.

Predecir versus paz

En muchas ocasiones es más importante para nosotros controlar y predecir el futuro que tener paz interior. A veces, nos parece más importante predecir que vamos a sentirnos infelices mañana y después encontrar cierto placer al descubrir que acertamos, que lograr la felicidad verdadera en el momento presente. Esto podría considerarse como una forma poco sana de tratar de protegernos a nosotros mismos. Produce un pequeño circuito que confunde el placer con el dolor.

A menudo creemos que los miedos del pasado pueden predecir acertadamente los miedos del futuro. El resultado de este tipo de pensamiento es que pasamos la mayor parte de nuestro tiempo preocupándonos, tanto por el pasado como por el futuro y creamos un círculo vicioso de miedo, el cual deja muy poco espacio para el Amor y el gozo en el presente.

Existe la opción de la realidad

Podemos escoger nuestra propia realidad. Ya que gozamos de libre albedrío, podemos optar por ver y experimentar la verdad. Nosotros podemos experimentar el Amor como la verdad de nuestra realidad.

Para lograrlo, debemos rehusarnos a estar limitados por nuestros miedos pasados y futuros, y por las muy cuestionables "realidades" que hemos adoptado de nuestra cultura. Nosotros podemos elegir vivir este instante, que es lo único que existe.

Debido a que nuestra mente no tiene límites, ésta está en realidad unida a otras. De hecho, nuestra mente únicamente tiene las limitaciones que nosotros mismos le imponemos. Por ejemplo, cuando decidimos convertir los miedos de nuestro pasado en miedos "reales", estamos limitando nuestra mente a considerarlos como nuestra realidad. Como resultado, nuestra mente teme al futuro y no puede detenerse ni un instante para gozar en paz el presente. Cuando utilizamos palabras como *no puedo o es imposible*, se debe a que nosotros nos imponemos los límites que provienen de nuestros miedos pasados.

Una sola meta

El fijar la paz interior como nuestra única meta es la fuerza más poderosa que podemos tener. Para lograr la paz interior, necesitamos que lograrla sea nuestra única meta. Al no fijarnos una sola meta, podemos caer en la tentación de tratar de hacer malabarismos con múltiples metas. Esto únicamente nos conducirá a desviarnos de nuestro objetivo y aumentar nuestros conflictos. Para poder mantener una meta única, podríamos imaginar que si nos estuviéramos ahogando en el océano, únicamente tendríamos un sólo objetivo. En dicha situación, dirigiríamos todas nuestras energías hacia la única meta, lograr mantenernos a flote y respirar para poder sobrevivir.

Paz mental a través del perdón

Al ser la paz mental nuestra única meta, el perdón se convierte en nuestra única función. El perdón es el vehículo que utilizaremos para corregir nuestras percepciones erróneas y para ayudarnos a liberarnos de nuestros miedos. En pocas palabras, perdonar es liberarse.

Nuestro primer paso hacia la transformación es fijar la paz interior como único objetivo. Esto significa pensar en nosotros mismos en términos de autoplenitud, no de egoísmo. El segundo paso es el perdón.

Muchos de nosotros nos sentimos frustrados cuando cometemos el error de tratar de amar a los demás como primer paso. Al mirar a través de nuestros valores y experiencias pasadas distorsionadas, sencillamente algunas personas no nos parecen dignas de ser amadas; y nos es muy difícil amarlas debido a la forma errónea en que percibimos su comportamiento.

Sin embargo, cuando nuestra única meta es lograr la paz interior, podemos dar el segundo paso —el perdón— y elegir ver a los demás como una extensión del Amor. Por medio de esta nueva percepción, se vuelve más fácil Amar y aceptar a las otras personas tal y como son y, como consecuencia, lograr nuestra paz interior.

Los demás no tienen que cambiar para que nosotros podamos experimentar paz interior

Nuestra mente

Podría sernos útil comparar a la mente con una película, con la cámara y todo aquello que está involucrado en la producción de la misma. Lo que experimentamos es realmente nuestro estado mental proyectado hacia una pantalla llamada "el mundo". Este mundo y las personas que se encuentran en él se convierten en el espejo de nuestros pensamientos y fantasías. Lo que nuestra mente proyecta se convierte en nuestra percepción. Si nos aferramos a ésta, nuestra visión estará limitada.

Nuestra mente funciona como si estuviera dividida; parte de ella actúa como si estuviera dirigida por nuestro ego, y la otra parte por el Amor. La mayor parte del tiempo, nuestra mente presta atención a su pseudo-director, al cual le damos el nombre de ego, lo que es simplemente otra forma de llamar al miedo.

El ego dirige únicamente películas de guerra y conflicto, aunque las disfraza y las hace parecer como la realización de nuestras fantasías románticas. De hecho, dirige solamente películas que proyectan la ilusión de que todos somos seres aislados. Nuestro verdadero director, el Amor, no proyecta ilusiones; únicamente extiende la verdad. El Amor dirige películas que unen a todos los seres humanos.

Nuestra mente es, en realidad, el director, el productor, el escritor, el editor, quien escoge los papeles, el que proyecta, el público y el crítico. Nuestra mente, al carecer de límites, tiene la capacidad de cambiar cualquier parte de la película o la película completa en cualquier momento. Nuestra mente cuenta con el poder de tomar todas las decisiones.

La parte del ego de nuestra mente actúa como una cortina de miedo y culpa, la cual bloquea al Amor. Nosotros podemos aprender a dirigir nuestra mente para que abra la cortina y deje pasar la luz del Amor que siempre ha estado ahí y que es nuestra verdadera realidad.

Cuando escogemos únicamente al Amor como director de nuestra mente, podremos experimentar la fuerza y el milagro del Amor

Principios fundamentales

Cuando apliquemos el material que contiene este libro a situaciones cotidianas, será muy útil mantener en mente estos principios fundamentales:

1. Nuestra única meta es lograr la paz interior.
2. El perdón es nuestra única función, así como la manera de lograr la paz interior.
3. A través del perdón, podemos aprender a no juzgar a otros y ver a todos, incluyéndonos a nosotros mismos, como personas libres de culpas.
4. Nos liberaremos del miedo cuando dejemos de juzgar y de proyectar el pasado hacia el futuro, y vivamos únicamente en el ahora.
5. Podemos aprender a escuchar nuestra voz interior intuitiva, la cual es nuestra guía.
6. Después de que nuestra voz interior nos proporcione la guía, también nos proveerá de los medios para lograr lo que sea necesario.
7. Al escuchar la voz de nuestro guía interior, es necesario comprometerse con un objetivo específi-

co, aun cuando los medios para lograrlo no sean aparentes de inmediato. Esto contradice la lógica del mundo. Podría considerarse como "colocar el coche por detrás de los caballos".

8. Sí tenemos la opción de decidir lo que percibimos y los sentimientos que experimentamos.

9. Podemos aprender a utilizar la imaginación activa positiva. La imaginación activa positiva nos permitirá crear, en nuestra mente, imágenes positivas y llenas de amor.

Yo decido pasar este día en perfecta paz

Parte II

Viejos sistemas de creencias y la realidad

*Veo todas las cosas
como desearía
que fueran*

Viejos sistemas de creencias y la realidad

osotros somos lo que nosotros creemos. Nuestro sistema de creencias está basado en nuestras experiencias pasadas, las cuales revivimos constantemente en el presente. Además, solemos anticipar que el futuro será igual que el pasado. Nuestras percepciones presentes están tan influenciadas por el pasado que no nos es posible ver lo que sucede sin distorsionarlo o limitarlo. Sin embargo, si así lo decidimos, nosotros podemos analizar quién pensamos que somos realmente, para así lograr una nueva y más profunda apreciación de nuestra verdadera identidad.

Todos somos ilimitados

Para experimentar esta nueva sensación de libertad

total, es muy importante que tomemos distancia de nuestras preocupaciones pasadas y futuras y optemos por vivir en el *ahora*. Ser libre también significa no quedar aprisionados en la realidad que parece limitada por nuestros sentidos físicos. Ser libre nos permite participar en el Amor que compartimos con todos. No podremos ser libres hasta que logremos disciplinar nuestra mente.

Todos nosotros deseamos el Amor. Sin embargo, en muchas ocasiones parecemos incapaces de experimentarlo. Nuestros miedos y sentimientos de culpa provenientes de nuestro pasado bloquean nuestra habilidad para dar y recibir Amor en el presente. El miedo y el Amor nunca se pueden sentir al mismo tiempo. La opción de sentir uno u otro es siempre nuestra. Nosotros podemos cambiar la naturaleza y calidad de nuestras relaciones si optamos por sentir Amor en lugar de sentir miedo.

Agresión y defensa

Cuando percibimos que una persona nos está agrediendo, en general adoptamos una actitud defensiva y encontramos la manera, directa o indirecta, de regresar la agresión. La agresión siempre es provocada por el miedo y la culpa. Nadie agrede a menos que primero se sienta amenazado y crea que agrediendo puede demostrar su propia fuerza, a expensas de la vulnerabilidad del otro. En realidad, la agresión es una defensa y, al igual que todas las defensas, sirve para que la culpa y el miedo no lleguen a nuestro estado consciente. La mayoría de nosotros nos aferramos a la creencia de que, por medio de la agresión, realmente podemos conseguir aquello que deseamos. Al parecer olvidamos que el agredir y el defender nunca nos proporcionarán paz interior.

Para lograr experimentar paz en lugar de conflicto, es necesario cambiar nuestras percepciones. En lugar de ver a los demás como personas que nos están agrediendo, podemos verlos como personas que también tienen miedo. Todos nosotros siempre expresamos ya sea Amor o miedo. El miedo es, en realidad, una llamada de auxilio y, por lo tanto, una súplica de amor. Es claro, entonces, que para poder experimentar Amor debemos reconocer que sí tenemos la opción de decidir lo que percibimos.

Muchas veces, cuando tratamos de corregir a los demás —aun cuando creamos que estamos haciéndoles una crítica constructiva— en realidad estamos agrediéndolos al demostrarles que ellos están equivocados y nosotros en lo correcto. Sería muy útil examinar qué nos motiva a hacerlo. ¿Estamos enseñando Amor o estamos agrediendo?

Si la otra persona no cambia de acuerdo con nuestras expectativas, es muy posible que la califiquemos de culpable y, de esta manera, reforzamos nuestra creencia en la culpa. La paz interior emerge de no querer cambiar a los demás, de simplemente aceptarlos como son. La verdadera aceptación nunca demanda cambios ni tiene expectativas.

El perdón

La paz interior únicamente puede lograrse cuando practicamos el perdón. Perdonar significa liberarse del pasado y es, por lo tanto, la forma de corregir nuestras percepciones erróneas.

Nuestras percepciones erróneas únicamente pueden cambiarse *ahora*, y esto sólo se puede lograr si olvidamos cualquier cosa que consideremos que otra persona nos ha hecho, o cualquier cosa que nosotros le hemos hecho a ella. A través de este proceso de olvido selectivo, nos volvemos libres para abrazar al presente sin la necesidad de revivir nuestro pasado.

Si perdonamos verdaderamente, podremos detener el círculo sin fin de culpa y lograremos vernos a nosotros mismos y a los demás con Amor. El perdón elimina todos los pensamientos que parecen separarnos de los demás. Al despojarnos de la vieja creencia de que los seres humanos somos seres aislados, podremos aceptar que estamos sanando y podremos dar Amor para ayudar a sanar a todos aquellos que se encuentren a nuestro alrededor. Sanar es el resultado de pensamientos de unidad entre los seres humanos.

Si lograr la paz interior es nuestra única meta, el perdón se convertirá en nuestra única función. Cuando aceptemos tanto nuestra meta como nuestra función, nos daremos cuenta de que nuestra voz interior intuitiva se convertirá en nuestro único guía. Nosotros mismos seremos liberados al liberar a los demás de la prisión de nuestras percepciones distorsionadas e ilusorias, y nos uniremos a ellos en el Amor.

Dar y recibir

Es importante recordar que todos tenemos todo lo que necesitamos en este instante, y que la esencia de nuestro ser es el Amor. Si nosotros pensamos que necesitamos obtener algo de alguien, amaremos a esa persona únicamente si conseguimos lo que deseamos, y la odiaremos si no lo conseguimos. Con frecuencia entablamos relaciones de amor/odio en las cuales nos encontramos intercambiando amor condicional. Estar motivados por recibir algo de alguien nos conduce al conflicto y la angustia y está asociado únicamente con tiempo lineal. El dar significa extender nuestro Amor sin condiciones, sin expectativas y sin límites. La paz interior se logra, por lo tanto, cuando ponemos toda nuestra atención en dar sin requerir nada de la otra persona y sin querer cambiarla. El estar motivados por dar a los demás nos traerá una sensación de paz interior y de gozo que no están relacionados con el tiempo.

Cómo re-entrenar nuestra mente

Para ayudarle a re-entrenar a su mente, formúlese las siguientes preguntas en todas circunstancias, privadas o interpersonales:

1. ¿Estoy optando por experimentar *paz interior* o estoy optando por experimentar *conflicto?*
2. ¿Estoy eligiendo experimentar *amor o miedo?*
3. ¿Estoy optando por *buscar amor* o por *buscar errores?*
4. ¿Estoy eligiendo *dar amor* o *buscar amor?*
5. ¿Es esta forma de comunicación (Verbal o no-verbal) afectuosa hacia la otra persona y es afectuosa hacia mí mismo?

Muchos de nuestros pensamientos, palabras y acciones no son afectuosos. Si queremos lograr la paz interior, es esencial que nuestra forma de comunicación con los demás posea una intención de unión. Para tener paz interior y para experimentar Amor, debemos ser congruentes en lo que pensamos, decimos y hacemos.

Palabras que debemos eliminar

Otro proceso para re-entrenar nuestra mente está relacionado con reconocer el impacto de las palabras que utilizamos. Las palabras de la siguiente lista se usan con frecuencia en los mensajes que enviamos a otros y a nosotros mismos. El uso de estas palabras hace que la culpa del pasado y el miedo al futuro se mantengan activos en nuestra mente. Como resultado, nuestro sentimiento de conflicto se ve reforzado. Entre más reconozcamos que el utilizar estas palabras interfiere con nuestra paz interior, será más fácil eliminarlas de nuestros pensamientos y de nuestra forma de expresión. Tal vez le será de utilidad imaginar que siempre lleva consigo una bolsa desechable imaginaria; cada vez que utilice una de estas palabras, visualícese a sí mismo metiendo la palabra en la bolsa desechable y enterrándola.

Es muy importante ser benigno consigo mismo. Si descubre que sigue utilizando cualquiera de estas palabras, considérelo sencillamente como un error que hay que corregir y no opte por sentirse culpable por haber cometido un error.

Estas son las palabras:

imposible
no puedo
trato
limitaciones
si sólo...
pero
sin embargo
difícil
debería
debo
duda

- cualquier palabra que lo coloque a usted o a cualquier otra persona en alguna categoría
- cualquier palabra que tienda a evaluarlo a usted o a otra persona
- cualquier palabra que tienda a juzgar o condenarlo a usted o a otra persona

Conclusión

Este libro proporciona una guía para liberarnos del miedo y lograr la paz interior. Su aplicación práctica puede ayudarlo a cambiar sus percepciones —para poder superar el miedo y el conflicto— y a no considerarse un ser aislado. Esta guía le ayudará a experimentar Amor y paz y a sentirse unido a los otros seres humanos. La paz interior se obtiene cuando aprendemos a perdonar al mundo y a las personas que habitan en él y, de esta manera, ver a todos los demás, incluyendo a nosotros mismos, como personas libres de culpas.

Cada instante de nuestra vida puede ser considerado como una oportunidad presente para un nuevo despertar o un renacimiento, libre de la intrusión irrelevante de recuerdos del pasado y anticipaciones del futuro. En la libertad de este momento presente, nosotros podemos proyectar nuestra naturaleza llena de Amor.

Cuando nos encontremos irritados, deprimidos, enojados o enfermos, podemos estar seguros de que hemos optado por la meta equivocada y estamos experimentando nuestra respuesta al miedo. Cuando no sentimos gozo, es porque no hemos podido hacer que el lograr la paz interior sea nuestra única meta y nos hemos preocupado más por recibir que por dar.

Al optar por el Amor en lugar de optar por el miedo, podremos experimentar una transformación personal que nos permitirá dar Amor, de manera natural, a nosotros mismos y a los demás. De esta forma podremos empezar a reconocer y experimentar el Amor y el gozo que unen a todos los seres humanos.

Repaso

1. Uno de los propósitos principales del tiempo es permitirnos escoger lo que queremos experimentar. *¿Deseamos experimentar paz o deseamos experimentar conflicto?*
2. Todas las mentes están unidas y son una sola.
3. Lo que percibimos a través de nuestros sentidos físicos nos presenta un panorama limitado y distorsionado de la realidad.
4. Nosotros no podemos realmente cambiar al mundo exterior y tampoco podemos cambiar a las otras personas. Lo que *sí* podemos cambiar es la forma en que percibimos el mundo, a los demás, y a nosotros mismos.
5. Únicamente existen dos emociones: una es el Amor y la otra es el miedo. El Amor es nuestra realidad verdadera. El miedo es algo que nuestra mente ha creado y es, por lo tanto, irreal.

6. Lo que experimentamos es nuestro estado mental proyectado hacia el exterior. Si nuestro estado mental es de bienestar, Amor y paz, eso es lo que proyectaremos y, por lo tanto, experimentaremos. Si nuestro estado mental está lleno de dudas, miedo y preocupaciones, proyectaremos este estado hacia afuera y, por lo tanto, esa será nuestra realidad.

**El perdonar termina con
nuestros sufrimientos y sensaciones de pérdida**

Parte III

Parte III

Lecciones
para la
transformación personal

Cómo proseguir con las lecciones

os principios y lineamientos específicos que se encuentran en este libro cobran un significado personal a través de la práctica de las lecciones diarias. Tal vez le será difícil aceptar algunas de ellas o pensará que no son relevantes a los problemas que usted tiene que enfrentar en su propia vida. Esto no importa realmente. Sin embargo, lo que sí es muy importante es su determinación para practicar estas lecciones, sin hacer a un lado ninguna de ellas. La experiencia que obtendrá de la práctica es lo que le ayudará a lograr una mayor felicidad personal. Recuerde qué determinación no implica maestría —sino únicamente una disposición favorable para cambiar a sus percepciones.

Sugerencias para derivar el mayor beneficio de estas lecciones:

1. Todos los días, al despertar, relájese y utilice su imaginación activa. Mentalmente, visualice que está en un lugar en el cual se siente cómodo, relajado y en paz.

2. (Empezando con la lección 1, practique las lecciones subsecuentes una por día). Mientras se encuentre en este estado de relajación pase algunos minutos repitiendo el nombre de la lección y los pensamientos que surjan relacionados con él, permitiendo que todo esto se convierta en parte de usted mismo.

3. Todos los días, formúlese esta pregunta: *¿quiero experimentar paz interior o quiero experimentar conflicto?*

4. Escriba el nombre de la lección en una tarjeta y mantenga esta tarjeta con usted, revísela periódicamente durante el día y la noche y aplique dicha lección a todas las personas y a todos los hechos que sucedan sin excepción.

5. Por las noches, antes de retirarse, relájese una vez más e invierta algunos minutos en repasar la lección del día. Pregúntese si está dispuesto a incorporar estas ideas en sus sueños.

6. Cuando haya terminado todas las lecciones, su aprendizaje se facilitará si usted empieza de nuevo con la primera lección y repite la serie.

7. Puede continuar llevando a cabo esta práctica hasta que usted pueda aplicar estas lecciones de manera consistente sin necesidad de consultarlas.

Lección 1

Al dar recibo

Al dar recibo

*ar es recibir*, esta es la ley del Amor. De acuerdo a esta ley, cuando damos nuestro Amor a los demás, nos inundamos de Amor y lo que damos lo recibimos de manera simultánea. La ley del Amor está basada en la abundancia; estamos completamente llenos de Amor todo el tiempo, y nuestra provisión de Amor siempre está fluyendo. Cuando damos nuestro Amor a los demás en forma incondicional, sin expectativas, el Amor que habita dentro de nosotros se extiende, se expande y nos une. Por lo tanto, al dar amor, incrementamos el Amor que existe dentro de nosotros mismos y todos ganamos.

Por otro lado, la ley del mundo afirma que perdemos lo que damos. En otras palabras, cuando damos algo, ese algo ya no nos pertenece y sufrimos una pérdida.

La ley del mundo está basada en la creencia de la

escasez. De acuerdo con ella, nunca podemos sentirnos realmente satisfechos. Continuamente nos sentimos vacíos cuando tratamos, en vano, de obtener la satisfacción buscando Amor y paz en cualquier forma externa que hayamos considerado deseable.

Claramente, el problema estriba en que nada en nuestro mundo exterior nos va a satisfacer totalmente y de manera continua. De acuerdo con la ley del mundo, siempre buscamos pero nunca encontramos. Con frecuencia pensamos que nuestro pozo interior está vacío y que tenemos grandes necesidades insatisfechas. Entonces tratamos de llenar estas necesidades imaginarias a través de otras personas.

Cuando esperamos que otros satisfagan nuestros deseos, y estas personas nos desilusionan, como inevitablemente lo harán, nos llenamos de angustia. Esta angustia se puede manifestar como frustración, desilusión, ira, depresión o enfermedad. El resultado es que nos sentimos atrapados, limitados, rechazados o agredidos.

Cuando nos sentimos no amados, deprimidos y vacíos por dentro, el encontrar a alguien que nos dé Amor no es realmente la solución. La solución es Amar a alguien en forma total y sin expectativas. Ese Amor, entonces, nos lo damos a nosotros mismos de manera simultánea. La otra persona no tiene que cambiar ni darnos nada.

El concepto distorsionado del mundo es que tenemos que obtener el Amor de otras personas antes de poder sentir el Amor dentro de nosotros. La ley del Amor es diferente de la ley del mundo. La ley del Amor establece que nosotros mismos *somos* Amor y, al dar Amor a los demás, nos enseñamos a nosotros mismos lo que realmente somos.

El día de hoy permítase aprender y experimentar la ley del Amor.

Estaba equivocado cuando creía que podría dar a otra persona cualquier cosa que no deseara para mí mismo. Ya que deseo experimentar paz, Amor y perdón, esto es lo único que puedo ofrecer a los demás. No es la caridad la que me motiva a perdonar y a Amar a los demás. Brindar Amor es la única forma en la cual puedo aceptar el Amor para mí mismo.

Ejemplo A

La siguiente es una carta de Rita, una amiga que conocí en el otoño de 1978. Rita me telefoneó para pedirme ayuda para su hija adolescente, Tina, quien padecía leucemia. Tina murió en enero de 1979.

Rita me ha otorgado su permiso para compartir esta carta con usted, la cual, en mi opinión, afirma con belleza y claridad la esencia de la lección de hoy.

Al dar Recibo

Querido Jerry:

Espero que no te importe que te envíe estas cartas, ya que en ellas puedo expresar los pensamientos que están empezando a surgir desde un lugar muy profundo de mi ser que antes desconocía.

Tú, como psiquiatra, sabes que el expresar nuestros sentimientos es terapéutico.

Desde que te envié mi última carta, han ocurrido varios sucesos importantes.

El 22 de febrero fui a escuchar una plática de la Dra. Elizabeth Kubler-Ross. No necesito decirte que fue una gran experiencia para mí. Lo que ella dijo llegó hasta mi interior y movió algo en él. Tocó algunos puntos muy dolorosos y me costó mucho trabajo poder escuchar algunas partes de su plática. Sin embargo, sus palabras, su filosofía y su trabajo han dejado una huella en mí, y creo que lo que tú y ella hacen es realmente algo muy importante.

Para continuar en orden cronológico, esto es lo que sucedió al día siguiente. Decidí ir a trabajar. Durante un descanso, me dirigí hacia un pequeño centro comercial, el cual visito con frecuencia. Cuando caminaba hacia ese lugar, descubrí una librería nueva que antes nunca había visto. Sentí la imperiosa necesidad de entrar y ver qué había dentro. Pregunté hacía cuánto tiempo la habían abierto y me contestaron que un mes. Miré a mi alrededor y vi unos libros que todavía no habían colocado en los libreros. Uno de ellos era un libro del cual había oído hablar y tenía deseos de leer. Decidí comprarlo. Era A World Beyond de Ruth Montgomery. Ni siquiera puedo expresar la forma en que este libro llegó hasta lo más profundo de mi ser. Empecé a analizar mi vida y a reflexionar hacia dónde me dirigía. Pero, como tú dices, si el cuestionamiento provocaba un conflicto en mí, no me haría nada bien. Por lo tanto, no seguí examinando los motivos y las razones. En lugar de eso, volví a leer tu carta y reflexioné sobre esa línea en la que me dices que la mejor forma de manejar la situación por la que estoy atravesando (duelo) sería encontrar alguien a quien ayudar. No tuve que salir y buscar, ni siquiera fue necesario forzar mi cerebro. Siempre supe quién necesitaba de mi ayuda.

Tan brevemente como pueda, te relataré lo sucedido.

Hace alrededor de un año, mi hija Tina empezó a mostrar los síntomas de su enfermedad. Al mismo tiempo, otra joven de 20 años, que es vecina mía y que conocía desde hace 15 años, también enfermó de algo que aún no le pueden diagnosticar. Su madre y yo solíamos compartir nuestros miedos y preocupaciones por la situación en la que se encontraban nuestras hijas. Algún tiempo después, cuando se diagnosticó la enfermedad de Tina, la madre de mi vecina ya no pudo encontrar el valor para hablar conmigo. No me volvió a dirigir una palabra durante todo el tiempo que Tina estuvo enferma. Cuando Tina murió, ella asistió al rosario, pero jamás pronunció ni una sola palabra. Cruzamos una mirada silenciosa. Me acompañó en el funeral y fue una de los amables vecinos que me trajeron comida después de éste. Durante todo este tiempo, ella ha seguido sin articular palabra. Yo sabía que yo representaba la "realidad" de lo que podría pasarle a su hija. Por lo tanto, yo también me mantuve alejada de ella para no recordarle esa "realidad". Siempre me informaba con los vecinos de cómo estaba y recibía toda la información de segunda mano. Entonces pensé en ti, en tu carta y en tus palabras. Y pensé ¿por qué no? ¡Sí me importaba lo que le estaba sucediendo a mi vecina! Así que fui a verla. En el momento en que me vio, me abrazó. ¡Era natural! ¡Cada una de nosotras entendía perfectamente cómo se sentía la otra! ¡Fue realmente hermoso! Me sentí muy bien al salir de su casa. Me pregunté por qué había tardado tanto en atravesar los pocos me-

tros que me separaban de ella. Me imagino que antes no tenía la fuerza suficiente para hacerlo.

Pero una vez más te repito que, aunque estés lejos geográficamente, espiritualmente me siento muy cerca de ti. No cuestionaré nada de lo que suceda, lo aceptaré y veré a dónde me conduce.

Que tengas paz, Jerry, ahora y siempre.

Con cariño,
Rita

Ejemplo B

Hace algunos años tuve la fortuna de pasar algún tiempo en Los Ángeles con la Madre Teresa, quien es conocida por su labor con los pobres moribundos en Calcuta, India, y en todo el mundo. Sentía muchos deseos de conocerla porque sabía que ella era el ejemplo perfecto de una persona que ha logrado la paz interior y yo quería aprender de ella.

Charlamos de nuestro trabajo con gente que enfrentaba situaciones de vida o muerte. Experimenté una gran tranquilidad en su presencia. Es difícil describir la fuerza del Amor, la nobleza y la paz que emanaban de ella. Esto era algo que quería experimentar en mí mismo.

Era el 4 de julio y me informaron que ella viajaría a la Ciudad de México esa tarde. Le pregunté si la podía acompañar porque quería seguir estando en su presencia.

Ella sonrió gentilmente y me respondió: "Dr. Jampolsky, no tengo ninguna objeción a que usted me acompañe a México. Pero usted me comentó que quería aprender sobre la paz interior. Creo que usted aprendería mucho más sobre la paz interior si averigua cuánto cuesta el viaje redondo a México y da ese dinero a los pobres".

Me informé cuál era el precio del viaje y doné esa cantidad a los Hermanos de la Caridad de Los Ángeles.

La lección tan poderosa que aprendí de la Madre Teresa es que no es necesario buscar la guía fuera de uno mismo para saber qué hacer. Aprendí que el momento de dar siempre es el ahora —no mañana— y al dar sin expectativas ni límites, se logra una paz interior inmediata. En ese momento aprendí que al dar se recibe. El día de hoy daré a los demás únicamente aquello que deseo para mí mismo.

Lección 2

El perdón
es la llave de la felicidad

El perdón es la llave de la felicidad

a paz interior únicamente puede lograrse a través del perdón. El perdón es el vehículo que nos permitirá cambiar nuestras percepciones y liberarnos de nuestros miedos, de los juicios en los que condenamos a los demás y de nuestros rencores.

Necesitamos recordar constantemente que el Amor es la única realidad que existe. Cualquier cosa que percibamos que no refleje Amor es una percepción errónea. El perdón, entonces, se convierte en el medio para corregir nuestras percepciones erróneas; el perdón hace posible que veamos únicamente el Amor en los demás y en nosotros mismos.

A través de olvidar en forma selectiva, de quitarnos los lentes teñidos que colocan nuestros miedos pasados en el presente, podemos empezar a darnos cuenta de que la verdad del Amor estará siempre presente y que únicamente podemos experimentar la felicidad si percibimos Amor. El perdón es, por lo tanto, el proceso de olvidar y pasar por alto cualquier cosa que pensemos que otra persona nos pueda haber hecho, o cualquier cosa que pensemos que nosotros hayamos podido hacer a otra persona.

Cuando abrigamos rencor, estamos permitiendo que nuestra mente se alimente por el miedo y quede aprisionada en él. Cuando consideramos que nuestra única función es el perdón, y tenemos la voluntad de practicarlo de manera consistente dirigiendo nuestra mente hacia él, nos sentiremos aliviados y seremos libres. El perdón corrige las percepciones erróneas que nos separan unos de otros, y nos permite experimentar una sensación de unidad con los demás.

El perdón, como se define aquí, es diferente de la manera en la cual nos han enseñado a entenderlo. Perdonar no significa asumir una posición de superioridad ni soportar o tolerar cierto tipo de comportamiento que no nos guste. Perdonar significa corregir la percepción errónea de que la otra persona nos ha hecho daño.

La mente que no perdona, al contrario de la mente que perdona, está confundida, temerosa y llena de miedo. Está segura que la forma en que interpreta sus percepciones es la correcta. Y también de que la ira que siente está justificada y que los juicios con los que condena a los demás son correctos. Para la mente que no perdona el pasado y el futuro son iguales. Se resiste al cambio. No quiere que el futuro sea diferente que el pasado. La mente que no perdona se considera a sí misma inocente y a los demás culpables, y considera que la paz interior es su enemigo. Percibe todo de manera fragmentada.

Cada vez que considero que alguien es culpable, estoy reforzando mi propia sensación de culpa y de que no merezco nada. No podré perdonarme a mí mismo si no estoy dispuesto a perdonar a los demás. No importa qué piense de lo que alguien me ha hecho en el pasado o lo que piense de lo que yo he hecho. Únicamente a través del perdón podré liberarme completamente de mis culpas y de mis miedos.

Ejemplo

La siguiente es una experiencia personal que ilustra algunos principios relacionados con el rencor y el perdón.

Una mañana, mi secretaria puso sobre mi escritorio una enorme cantidad de cuentas por pagar. Me hizo notar que mis ingresos se habían reducido por el tiempo, cada vez mayor, que yo invertía en el trabajo no remunerado. También me recordó que un señor me debía 500 dólares por los servicios que había prestado a su hija el año anterior. La muchacha había respondido muy bien y muy rápidamente cuando trabajé con ella. Después agregó que estaba cansada de enviar la cuenta a dicho señor y me sugirió que la enviara a una agencia de cobranzas.

Le respondí que nunca había enviado una cuenta a una agencia de cobranzas, y no planeaba hacerlo ahora, pero que pensaría qué hacer. Mientras miraba las cuentas que tenía que pagar, empecé a sentir lo que creí era una ira justificada, y también que el rencor que sentía era legítimo. Después de todo, había cumplido con mi parte, y él y su hija se habían beneficiado mucho al trabajar conmigo. Sabía que el padre tenía el suficiente dinero para pagarme y empecé a pensar que él era un sinvergüenza. Me decidí a llamarlo por teléfono esa misma tarde.

Sin embargo, al meditar en mi lección diaria de *A Course in Miracles,* la cual era "El perdón es la llave de la felicidad", la figura de este hombre cruzó por mi mente. Escuché a mi voz interior afirmar que debía dejar atrás el pasado. Era necesario practicar el perdón y sanar mi relación con él.

Así que lo llamé. Le hablé sobre mi meditación y sobre la decisión que había tomado de no volverle a enviar la cuenta. También le mencioné la ira que había sentido y la determinación que había tomado de liberarme de ella. Dije que le estaba llamando para sanar nuestra relación y que el dinero ya no importaba. Después de una larga pausa él me contestó; "Bueno, si usted no paga las cuentas que debe, Dios no lo va a hacer".

Le respondí que pensaba que era muy importante liberarme del problema del dinero que él me debía y de la ira que había sentido hacia él. Agregué que me estaba liberando del pensamiento de que él me había lastimado.

Hubo otro silencio, después de éste su voz se tornó cálida y afectuosa. Me agradeció el haberlo llamado y, ante mi sorpresa, agregó que enviaría el cheque la semana siguiente (lo cual cumplió).

Después de esto recibí a la madre de una niña de 11 años que tenía cáncer en la espina dorsal y era un miembro de uno de nuestros grupos en el Centro. La madre había estado recibiendo ayuda pública pero, debido a ciertas circunstancias, en ese momento no podía obtener dinero a través de ése o de ningún otro canal. Había mandado el coche a reparar y no contaba con los 70 dólares que necesitaba para sacarlo del taller. Como no tenía coche, no había podido asistir a unas citas muy importantes en el tratamiento de quimioterapia de su hija. Mi voz interior me dijo: "Dale los 70 dólares, ya que acabas de recibir dinero que no esperabas". Cuando lo hice experimenté una gran paz interior. Me sigue sorprendiendo la rapidez con que puedo lograr la paz interior cuando me libero de las viejas creencias de que alguien es culpable y alguien es inocente.

El día de hoy decido liberarme de todas mis percepciones erróneas acerca de mí mismo y de los demás. Por el contrario, me uniré con todos y diré: Te veo a ti y a mí mismo únicamente bajo la luz del verdadero perdón.

Lección 3

Nunca estoy perturbado
por la razón que pienso

Nunca estoy
perturbado por la razón que pienso

a mayoría de nosotros tenemos un sistema de creencias que está basado en nuestras experiencias pasadas y en las percepciones que provienen de nuestros sentidos físicos. ¿Alguna vez se ha puesto a pensar que lo que creemos es lo que vemos? O, como dice el comediante Flip Wilson: "Lo que ve es lo que se lleva".

Debido a que nos parece que nuestros sentidos transmiten información desde el mundo exterior hacia nuestra mente, podríamos creer que nuestro estado mental está controlado enteramente por la información que recibimos de éstos. Esta creencia contribuye a crear una sensación de que nosotros somos entidades separadas. Por lo tanto, estamos aislados y nos sentimos solos en un mundo fragmentado al cual no le importamos. Esto puede dejarnos la impresión de que el mundo que vemos es la causa que nos hace sentirnos alterados, deprimidos, ansiosos y temerosos. Dicho sistema de creencias da por sentado que el mundo exterior es la causa y nosotros somos el efecto.

Consideremos la posibilidad de que esto sea exactamente lo contrario de lo que en realidad sucede.

¿Qué pasaría si creyéramos que lo que realmente determina lo que vemos son nuestros pensamientos? Tal vez, en este momento, esta idea nos parezca extraña; es decir, que nuestros pensamientos sean la causa y lo que vemos sea el efecto. Entonces, no tendría sentido culpar al mundo y a las personas que se encuentran en él por la infelicidad y el dolor que experimentamos. Nuestras percepciones del mundo exterior son "un espejo y no un hecho".

Pensemos, una vez más, que la mente actúa como una cámara cinematográfica, la cual proyecta nuestro estado interior hacia el mundo. Cuando nuestra mente está llena de pensamientos perturbadores, vemos al mundo y a las personas que se encuentran en él como la causa de nuestras perturbaciones. Por otro lado, cuando nuestra mente está llena de paz, el mundo y las personas que lo habitan nos parecen gozar de paz. Podemos elegir despertar por la mañana y ver un mundo cordial y amable a través de lentes que filtren todo aquello que no sea el Amor.

Nos sería muy provechoso cuestionar nuestra necesidad de tratar de controlar el mundo exterior. En lugar de eso, podemos, de manera consistente, controlar nuestro mundo interior eligiendo qué pensamientos deseamos albergar en nuestra mente. La paz interior empieza en nuestros pensamientos y se extiende hacia afuera. Es de nuestra paz interior (causa) de la cual surge nuestra percepción de paz en el mundo exterior (efecto).

Todos tenemos el poder de dirigir nuestra mente para así reemplazar sentimientos de miedo, frustración y depresión por sentimientos de paz interior.

Siento la tentación de creer que me siento perturbado por lo que otras personas hacen o por las circunstancias y sucesos que parecen fuera de mi control. Puedo sentirme perturbado por la ira, los celos, el resentimiento o la depresión. En realidad, todos estos sentimientos son la forma que toma el miedo que experimento. Cuando tomo conciencia de que puedo elegir entre sentir miedo o sentir Amor, dando Amor a los demás, no existirá nada que logre perturbarme.

Ejemplo

Durante muchos años sufrí de un dolor de espalda.

En todo ese tiempo no pude jugar tenis, arreglar mi jardín o hacer muchas de las cosas que me gustaban. Tuve que estar hospitalizado varias veces y llegó el momento en el cual un neurocirujano me dijo que tenía que operarme. Me informó que tenía una enfermedad orgánica en la espalda —un disco degenerativo—. Sin embargo, decidí no someterme a la cirugía.

Yo creía estar perturbado a causa del dolor y de la angustia que éste me provocaba. Entonces, un día me pareció escuchar una voz interior que me dijo que, a pesar de que yo sufría de una enfermedad orgánica en la espalda, era yo quien causaba mi propio dolor. Me di cuenta de que el dolor aumentaba cuando me encontraba bajo estrés, particularmente cuando tenía miedo y guardaba rencor a alguien. Pero en realidad, no estaba perturbado por la razón que pensaba.

En la medida en que aprendía a liberarme de mis resentimientos a través del perdón, mi dolor desapareció. Ahora nada limita mis actividades.

Pensé estar perturbado a causa del dolor. Sin embargo, descubrí que lo que en realidad provocaba mi perturbación era el hecho de que no había sanado mis relaciones personales. Me permití creer que el cuerpo controla a la mente, no me había dado cuenta de que la mente controla al cuerpo. Ahora estoy seguro de que la mayor parte de la gente que sufre de dolores de espalda tiene el potencial para aprender a liberarse de sus rencores, de sus culpas y de sus miedos y lograr sanarse a sí mismos perdonando a los demás y a ellos mismos.

Lección 4

*Estoy decidido
a ver las cosas
de una manera diferente*

Estoy decidido
a ver las cosas de una manera diferente

l mundo que vemos, que nos parece
demente, puede ser el resultado de
un sistema de creencias que no funciona. Dicho sistema sostiene que los miedos que
experimentamos en nuestro pasado serán los mismos
miedos que sufriremos en el futuro. De esta manera,
el pasado y el futuro se funden en uno solo. El re-
cuerdo del miedo y del dolor que vivimos en el pasado es lo que nos hace tan vulnerables. Y es este
sentimiento de vulnerabilidad lo que nos impulsa a
tratar de controlar y predecir el futuro por todos los
medios.

Quisiera ilustrar este concepto con un ejemplo
personal. Fui educado en una familia en la cual el
miedo siempre prevalecía sobre todas las cosas. De
esta manera, la filosofía que aprendimos fue la siguiente: "El pasado fue horrible, el momento presen-

te es espantoso y el futuro será aún peor". Y, claro está, nuestras predicciones se hacían realidad, ya que toda la familia compartía las mismas creencias.

Nuestro viejo sistema de creencias asume que sentimos ira porque alguien nos ha agredido. También que está justificado agredir a quien nos ha agredido y que somos responsables de "protegernos" a nosotros mismos, pero que no somos responsables de la necesidad de hacerlo.

Sí es posible cambiar nuestro viejo sistema de creencias, si realmente nos decidimos a hacerlo. Sin embargo, para lograrlo debemos cambiar cada una de las creencias y valores que hemos albergado durante tanto tiempo. Esto significa liberarnos del miedo, la ira, la culpa o el dolor. Significa dejar atrás el pasado con todos sus miedos para que éstos no nos hagan su presa en el presente o en el futuro.

"Estoy decidido a ver las cosas de una manera diferente" significa que verdaderamente estamos dispuestos a deshacernos del pasado y del futuro para poder vivir el *ahora* como realmente es.

La mayor parte de mi vida he actuado como si fuera un robot, respondiendo a lo que las otras personas hacían o decían. Ahora estoy consciente de que mis respuestas están determinadas únicamente por las decisiones que yo mismo tomé. Proclamo mi libertad por medio de mi determinación de ver a la gente y a los acontecimientos con Amor en lugar de verlos con miedo.

Ejemplo A

Cuando estudiaba en la facultad de medicina, un gran porcentaje de la clase contraía cualquiera que fuera la enfermedad que estábamos discutiendo. No importaba de qué enfermedad se tratara; podría haber sido hepatitis, esquizofrenia o sífilis.

Mi miedo era contraer tuberculosis. Cuando estuve de interno en Boston, tuve que pasar un mes en la sala de tuberculosis. Me sentía aterrado ante la idea de contagiarme y morir. En mi fantasía elaboré un plan, el cual consistía en tomar mucho aire antes de entrar a la sala y no volver a respirar. Al final de mi primer día de trabajo me sentía exhausto.

Esa misma noche, alrededor de las 11:30, recibí una llamada de emergencia. Corrí hacia la sala en la cual una señora de 50 años quien, no únicamente padecía tuberculosis sino que además era una alcohólica con cirrosis, acababa de vomitar sangre. No tenía pulso. Le di masaje cardiaco y succioné la sangre de su garganta con una máquina. El tanque de oxígeno no funcionó y le tuve que aplicar respiración de boca a boca. Recuperó el pulso y empezó a respirar. Logró sobrevivir.

Cuando regresé a mi cuarto, me vi en el espejo —estaba lleno de sangre—. De pronto me di cuenta de que no había sentido miedo en ningún momento durante el episodio.

Esa noche aprendí que cuando estaba completamente enfrascado en lo que pudiera recibir, el miedo me inmovilizaba y no podía ayudar a nadie, pero cuando estaba totalmente absorto en dar, no sentía miedo. Dejando atrás el pasado, poniendo toda mi atención en dar en el presente, logré olvidar el miedo y ver las cosas de una manera diferente.

Quizá no sea necesario mencionar que inmediatamente perdí el miedo de contraer tuberculosis. Esa paciente me dio una gran lección.

Nosotros mismos somos responsables de nuestro estado mental.

El experimentar paz o conflicto está determinado por la manera en que elegimos ver a la gente y los acontecimientos, únicamente nosotros decidimos si los vemos como dignos de ser amados o como una justificación para nuestros miedos.

No existe ninguna razón para que actuemos como robots y para que otorguemos a los demás el poder para determinar el que nosotros experimentemos Amor o miedo, felicidad o tristeza.

Ejemplo B

Este libro enfatiza el hecho de que un cambio en nuestras percepciones puede invertir nuestra forma de pensar; que ayuda mucho poner el caballo por detrás del carro.

He descubierto que cuando mi guía personal ha establecido una meta (el carro), todo lo que necesito hacer es mantener con firmeza esa meta en mi mente y, entonces, los medios (el caballo) se encargarán de alcanzarla. Muchos de nosotros desperdiciamos tanta energía tratando de encontrar los medios que perdemos de vista la meta.

He aquí un ejemplo reciente: Los niños con quienes trabajo, que padecen enfermedades catastróficas, escribieron un libro hace poco tiempo. Parecía que publicarlo a través de una editorial establecida nos tomaría por lo menos 18 meses o quizá aún más. A pesar de que no teníamos dinero, mi guía interior me dijo que no deberíamos esperar tanto tiempo, que publicáramos el libro nosotros mismos y que tuviéramos fe en que el dinero se conseguiría de alguna manera. (Antes nunca habría hecho algo así sin contar primero con el dinero. Esta vez, sin embargo, estaba decidido a ver las cosas de una manera diferente).

Me comprometí con el impresor a pedir un préstamo bancario en caso de que no nos fuera posible reunir los fondos necesarios. Un viernes al mediodía, nos fueron entregadas las 5 mil copias del libro *There is a Rainbow Behind Every Dark Cloud* (Detrás de cada nube negra existe un arcoiris). Contábamos con menos del 10 por ciento del dinero que se requería.

Me sentía como si estuviera parado en la punta de un trampolín muy alto y alguien me fuera a empujar al vacío. Sin embargo, una hora más tarde recibimos una llamada telefónica del Director Ejecutivo de la Fundación Bothin, informándonos que habían aprobado nuestra solicitud y que de inmediato recibiríamos un cheque que cubría el costo total de los libros.

Esta experiencia me enseñó que nada es imposible cuando escuchamos nuestro guía interior, aun cuando la dirección que éste nos marque sea contraria a la que la vieja lógica nos señala.

El día de hoy, cuando te veas tentado a ver las cosas a través de los ojos del miedo, repite con mucha determinación:
"Yo no soy un robot; Yo soy libre.
Estoy decidido a ver las cosas
de una manera diferente".

Lección 5

Puedo escapar
del mundo que veo desechando
pensamientos de agresión

Puedo escapar del mundo que veo desechando pensamientos de agresión

uchas veces nos sentimos atrapados por el mundo que vemos y nos sentimos impotentes ante él. Son inútiles todos los esfuerzos que hacemos por cambiarlo y por escapar de él.

Sin embargo, si recordamos que el mundo que vemos es el producto de nuestros pensamientos, entonces podemos cambiarlos. Nosotros sí podemos cambiar el mundo que vemos si cambiamos nuestros pensamientos acerca de él. Al cambiar nuestros pensamientos, estamos cambiando la causa. El resultado será que el mundo que vemos, (el efecto) cambiará automáticamente.

Un nuevo sistema de pensamientos puede revertir lo que siempre hemos entendido por "causa y efecto". Para muchos, es muy difícil aceptar este concepto, porque nos resistimos a abandonar nuestro

viejo sistema de creencias y a asumir la responsabilidad por nuestros pensamientos, sentimientos y
reacciones. Ya que la causa está siempre dentro de
nosotros mismos, sólo podemos percibir agresión en
el mundo exterior cuando primero, en nuestro interior, hemos aceptado la agresión como algo real.

Olvidamos esta premisa cuando percibimos que
otra persona nos está agrediendo. Tratamos de no
hacer consciente que la agresión que percibimos como
proveniente de otros, realmente se origina en nuestra mente. Cuando aceptamos esto, nos percatamos de
que si albergamos pensamientos de agresión, nos estamos haciendo daño a nosotros mismos. Entonces
podemos optar por reemplazar pensamientos de agresión por pensamientos de Amor, para dejar de las-
timarnos a nosotros mismos. El Amor que damos a
los demás fortalece el Amor que nos tenemos a nosotros mismos.

Es importante insistir en el hecho de que los pensamientos de agresión no nos proporcionan paz interior y que el justificar nuestra ira, realmente no nos
protege de nada.

Hoy reconozco que los pensamientos de agresión en contra de otros están realmente dirigidos en contra de mí
mismo. Cuando crea que al agredir a otros obtendré lo
que deseo, recordaré que si agredo a los demás, en reali-

dad me agredo a mí mismo. Y el día de hoy, no deseo lastimarme una vez más.

Ejemplo

El Center for Àttitudinal Healing (Centro de Salud Mental) ha recibido recientemente mucha publicidad a través de la televisión y otros medios de comunicación, por el trabajo que hemos realizado con niños con enfermedades catastróficas. Debido a que hemos recibido miles de cartas, hemos empezado a establecer una red de comunicación por teléfono y por carta, por medio de la cual todos los niños del mundo están encontrando la paz y se están ayudando unos a otros. Sin embargo, esto tuvo como consecuencia cuentas telefónicas muy elevadas y necesitábamos dinero.

Recientemente, me encontraba muy preocupado por este problema y, a través de la meditación, conseguí traer paz a mi mente y se me ocurrió que podía llamar al presidente de la Compañía Telefónica del Pacífico y solicitar su ayuda financiera. En esta ocasión, me era difícil seguir el consejo de mi guía interior por dos razones. La primera era que ya había solicitado ayuda económica en muchas ocasiones y ya no quería hacerlo. La segunda era que siempre había odiado a la compañía telefónica. Mi teléfono se descomponía con bastante frecuencia y muchas veces me había sentido irritado y molesto con dicha compañía.

Sin embargo, mi voz interior fue persistente. Sentí que no podía llamarlos si todavía sentía enojo. Lo que hice fue pasar las dos semanas siguientes practicando el perdón y liberándome de mis pensamientos de agresión. Fui el primer sorprendido cuando logré experimentar una sensación de unión y Amor entre las personas de la telefónica y yo.

Entonces traté de telefonear al presidente de la compañía pero, claro está, no me pude comunicar con él. Tenía la fantasía de que había cerca de 50 personas que lo protegían de la gente que, furiosa, quería quejarse. Siempre recibía la misma respuesta: "El presidente está ocupado y no puede tomar su llamada en este momento".

Después de llamar cuatro veces, decidí que únicamente lo intentaría una vez más. Cuando lo hice, me sorprendió el hecho de que él mismo contestara el teléfono. Le expliqué la razón por la cual deseaba verlo y él, en lugar de referirme a su departamento de relaciones públicas, me concedió una cita.

No pudo haberse comportado de manera más cordial. Casi de inmediato, un comité de la compañía telefónica empezó a evaluar nuestro Centro, y seis semanas más tarde nos otorgaron una donación de 3 mil dólares.

Bueno, en mi opinión, *¡fue un milagro!* Y en mi corazón yo no creo que este milagro hubiera ocurrido si no me hubiera liberado de mis pensamientos de agresión que ocultaban el Amor que siempre había estado ahí.

En el transcurso del día, cuando se vea tentado a lastimarse a sí mismo albergando pensamientos de agresión, repita con mucha determinación:

Quiero experimentar paz interior ahora mismo.

Me liberaré de cualquier pensamiento de agresión y optaré por la paz

Lección 6

Yo no soy la víctima del mundo que veo

Yo no soy la víctima del mundo que veo

¿Se ha percatado de que, muy a menudo, usted se siente la víctima del mundo en que vive? Debido al hecho de que muchos de nosotros percibimos muchos aspectos de nuestro entorno como algo demente, caemos en la tentación de creer que estamos irremediablemente atrapados. Cuando nos permitimos pensar que vivimos en un entorno hostil, en el cual debemos sentir miedo de ser lastimados, lo único que nos queda es sufrir.

Para poder lograr la paz interior, debemos percibir un mundo en el cual todas las personas son inocentes de culpa.

¿Qué sucede cuando elegimos ver a los demás como personas libres de culpa? ¿Cómo podemos empezar a mirarlos de manera diferente? Para empezar, quizá tengamos que considerar que todo lo que nos sucedió en el pasado es irrelevante, excepto el Amor que hayamos experimentado. Podríamos optar por ver al mundo a través de la ventana del Amor, en lugar de verlo a través de la ventana del miedo. Esto significaría que, en lugar de ver las debilidades de los demás, podríamos elegir ver su fortaleza, así como la belleza y el Amor que existen en el mundo.

Lo que yo veo en el mundo exterior es un reflejo de lo que he visto primero dentro de mi propia mente. Siempre proyecto hacia el mundo exterior los pensamientos, sentimientos y actitudes que me preocupan. Yo puedo ver al mundo de una manera diferente si decido qué es lo que quiero ver.

Ejemplo A

En el pasado, creía que era normal sentirse paranoico cuando uno entraba a una agencia a comprar un coche. No se podía confiar en los vendedores de autos. Recelar de ellos era tan normal como inteligente, y se lo hubiera podido demostrar a través de varios ejemplos. Sin embargo, no me percataba de que al tomar esta actitud, la del miedo y del recelo, me quedaba sin otras opciones. De esta manera, era imposible lograr la paz interior.

Ni siquiera me daba cuenta de que el vendedor estaba actuando motivado por su propio grupo de experiencias pasadas que le "enseñaban" que debía desconfiar de los clientes. Él había "aprendido" que no lo respetaban y que lo único que hacían era degradarlo. Al ver que sus clientes lo percibían como un ciudadano de segunda clase, él también se percibía a sí mismo de esa manera.

El vendedor de autos y yo teníamos una cosa en común —la forma en la cual el uno percibía al otro estaba completamente distorsionada. Y los dos habíamos empañado nuestra visión de la misma manera. Habíamos escogido únicamente ciertos aspectos de nuestro pasado para formar un juicio por medio del cual nos calificábamos el uno al otro en el presente.

Ahora estoy trabajando con personas que forman parte de una gran agencia automotriz y me he dado cuenta de que mis actitudes hacia ellas están cambiando. Juntos nos hemos estado liberando de nuestros resentimientos y hemos dirigido nuestros esfuerzos hacia la práctica del perdón.

¿Qué sucedería si los clientes y los vendedores de autos pudieran ver claramente que todo lo que sucedió en el pasado es irrelevante y pudieran liberarse de él para convertirse en personas que buscan Amor y dejar de ser personas que buscan fallas en los demás? Entonces, quizá, todos seríamos libres para acercarnos los unos a los otros y nuestra motivación sería únicamente lograr la paz interior. La percepción errónea:

"Yo soy la víctima del mundo que veo" podría transformarse en: "Yo *no soy* la víctima del mundo que veo".

Ejemplo B

Cuando se empezó a tener conocimiento del trabajo que realizábamos en el Centro, me pidieron que viera a José, un muchacho de 15 años a quien había atropellado un tractor. Había quedado ciego, mudo y no podía percibir ninguna sensación. Además era víctima de una parálisis espástica. Estuvo en estado de coma durante dos meses y los doctores pensaban que ni un milagro podría salvarlo.

Sin embargo, su familia no perdía la esperanza de que José pudiera mejorar y vivían un-día-a-la-vez, tratando de que su *ahora* fuera lo mejor posible. José recobró la conciencia y empezó a trabajar con mucho empeño. Estaba decidido a recuperarse completamente. Entonces ocurrió lo que pareció ser una serie de milagros. José recuperó el habla y empezó a caminar. Durante todo este periodo, él invirtió mucho tiempo en ayudar a otros.

Cuando lo conocí, su estado de ánimo casi siempre era excelente. Le pregunté cómo podría mantenerlo así y él me respondió: "Bueno, únicamente veo las cosas positivas en la gente y no presto atención a las cosas negativas. Además me niego a creer en la palabra *imposible*."

José no siente lástima por sí mismo. Él podría pensar que el universo completo le había propinado un golpe espantoso. Sin embargo, él ha optado por la paz y no por el conflicto, al elegir ver al mundo y a las personas que lo habitan a través de la ventana del Amor. *Todos tenemos esa opción.*

En mi opinión, todo José es Amor. Sencillamente emana Amor. José y su familia han sido grandes maestros de Amor para mí y para muchas otras personas. Él representa el ejemplo perfecto de la afirmación: "Yo no soy la víctima del mundo que veo". Algunas veces, cuando me siento deprimido, pienso en él. Y el hacerlo me recuerda que yo, también, puedo elegir no considerarme a mí mismo como una víctima del mundo que veo.

El día de hoy, cada vez que sienta la tentación de sentirse una víctima, repítase a sí mismo: Lo único real son mis pensamientos de Amor. Y únicamente estos pensamientos tendré hacia esta situación (específica) o hacia esta persona (específica).

Lección 7

El día de hoy no juzgaré nada de lo que ocurra

El día de hoy
no juzgaré nada de lo que ocurra

¿Alguna vez se ha dado la oportunidad de pasar sólo un día concentrándose en aceptar a los demás sin emitir ningún juicio? A la mayoría nos parecería muy difícil, ya que es muy raro pasar algunos momentos, ya no se diga un día completo, con otra persona sin hacer un juicio. Si lo analizáramos, realmente nos asombraría la frecuencia con la que condenamos a otros y nos condenamos a nosotros mismos. Tal vez pensemos que es casi imposible dejar de hacerlo. Sin embargo, todo lo que se necesita es estar dispuestos a empezar a no juzgar, sin esperar una perfección inmediata. Para poder abandonar nuestros viejos hábitos se requiere de una práctica constante.

Muchas personas tenemos algo que podría denominarse "visión de túnel". Es decir, no vemos a la otra persona en su totalidad. Únicamente enfocamos nuestra vista hacia un fragmento de ella y, muy a menudo, nuestra mente interpreta lo que ve como una falla. Muchos fuimos educados en familias y escuelas que enfatizaban la crítica constructiva, la cual es generalmente un disfraz para poder encontrar errores en los demás.

Cuando nos percatemos de que estamos repitiendo este mismo error con nuestra pareja, nuestros hijos, nuestros amigos, y hasta con alguien a quien nos encontremos casualmente, sería muy útil detenernos a analizar nuestros pensamientos. Nos daremos cuenta de que el tratar de buscar fallas en los demás es producto de nuestras experiencias pasadas.

Calificar y ser calificados por otros, un hábito que adquirimos en nuestro pasado, tiene como resultado el miedo o el amor condicional. Para poder experimentar un Amor incondicional, es necesario que eliminemos esa parte nuestra que juzga. En lugar de prestar oído a ese juez, necesitamos escuchar a nuestra poderosa voz interior que nos dice a nosotros mismos y a los demás: "Yo te Amo incondicionalmente y te acepto tal como eres".

En la medida en que se refuerce nuestra determinación de convertirnos en personas que encuentran Amor, nos será más fácil concentrarnos en las cosas positivas de los demás y en pasar por alto sus errores. Es muy importante aplicar esta lección a todos, incluyendo a nosotros mismos. Esto significa que también podemos vernos a nosotros mismos con Amor.

No juzgar a los demás es otra manera de liberarnos del miedo y de experimentar Amor. Cuando aprendemos a no juzgar a los demás —y a *aceptarlos* tal y como son, sin quererlos *cambiar*— podemos aprender, simultáneamente, a aceptarnos a nosotros mismos.

Todo lo que pensamos, decimos o hacemos se revierte hacia nosotros como lo hace un *boomerang*. Cuando emitimos juicios por medio de pensamientos de crítica, agresión o ira, esto mismo es lo que recibimos. Cuando no emitimos juicios y lo que enviamos es únicamente Amor, es Amor lo que recibimos.

El día de hoy, propóngase no emitir juicios condenatorios contra nadie con quien se encuentre, o nadie en quien pueda pensar. Vea a todas las personas con quienes se encuentre o en las cuales piense como personas que le dan Amor, o como personas que tienen miedo y piden ayuda, en otras palabras piden Amor.

Ejemplo A

Recientemente tuve una experiencia relacionada con mis pensamientos de agresión, de la cual aprendí mucho. Ese día en especial había estado muy ocupado. Hice arreglos para que un niño, que padecía un cáncer terminal en el cerebro, y su madre volaran de Connecticut a California. Llegaron por la tarde y se hospedaron en mi casa. Esa noche los llevé al Centro en donde había una reunión con otros niños que padecían de enfermedades catastróficas. Una vez que terminó la reunión, los llevé a mi casa y regresé al Centro porque tenía otra reunión con adultos también enfermos de cáncer.

Esta última reunión terminó a las 9:30 p.m. y me dispuse a salir hacia la casa de un amigo para conocer a unos amigos suyos que venían de la India. Cuando salía del Centro me abordó un muchacho de 18 años que me había estado esperando. Su apariencia era desaliñada, tenía barba y olía como si no se hubiera bañado en semanas.

Me dijo que quería hablar conmigo. Me sentía muy cansado, tenía mucha prisa y, en realidad, ya no quería ver a ninguna otra persona que tuviera problemas. Me explicó que había viajado desde Virginia pidiendo "aventón" porque me había visto en un programa de televisión y había sentido la necesidad de conocerme.

Mis pensamientos interiores lo estaban juzgando severamente. "Debe estar loco para cruzar todo el país sólo para conocerme porque me vio en la televisión". Su solicitud de hablar conmigo me pareció una exigencia y una agresión. Le contesté que tenía un compromiso esa noche y que lo podría ver el día siguiente si es que podía esperar. Si no podía esperar, me quedaría y hablaría con él. Sin embargo, él me contestó que sí podía esperar.

Al día siguiente, no logró especificar claramente lo que quería. Solamente decía que había algo en mis ojos que lo había guiado hacia mí. Ya que ninguno de los dos parecía saber la razón por la cual el muchacho estaba ahí, le sugerí que meditáramos juntos para tratar de buscar la respuesta.

Mientras lo hacíamos, me sorprendí al escuchar claramente mi voz interior que me decía: "El regalo que este muchacho te trae es haber cruzado todo el país para decirte que vio el Amor perfecto en tus ojos —algo que a ti te cuesta trabajo ver en ti mismo—. Tu regalo hacia él debe ser demostrarle que lo aceptas tal como es, algo que quizá él nunca ha experimentado."

Compartí con él lo que había escuchado y nos abrazamos. Mi asombro fue muy grande cuando me percaté de que ese terrible olor, que había percibido hacía sólo unos segundos, había desaparecido totalmente. Brotaron lágrimas de nuestros ojos y experimentamos tal paz y Amor recíprocos que me es difícil describirlo.

Algo había sanado en ambos. Los pensamientos de agresión habían sido reemplazados por pensamientos de amor. Realmente habíamos sido maestros y terapeutas uno del otro. No fue necesario decir o hacer nada más.

Nos separamos sintiendo un gran gozo. Tenía el presentimiento de que no lo volvería a ver pero nunca olvidaré la experiencia y la lección de perdón que él me dio.

Ejemplo B

Creo que la mayor parte de nosotros nos podemos identificar con la persona que entra a un restaurante a comer y se encuentra con que el servicio es pésimo y la mesera se comporta de manera grosera, brusca y hostil. También podemos identificarnos con lo que nos parece un enojo completamente justificado, con el subsecuente resentimiento, con fantasías hostiles y con el hecho de que esa persona no deje propina.

Para poder lograr que la paz interior sea nuestra única meta, necesitamos corregir la creencia errónea de que el enojo o el resentimiento, que nos parecen justificados, nos proporcionarán paz. El enojo o la agresión sencillamente no proporcionan paz interior.

Repitamos la escena. Sin embargo, en esta ocasión, en el momento en que la misma persona se sienta a la mesa, le digo al oído que el esposo de la mesera murió hace dos días y que ésta tiene cinco niños que ahora dependen únicamente de ella.

Esta vez, la persona que ha entrado al restaurante puede ver a la mesera como alguien que tiene miedo y percatarse de que lo que ella está haciendo es, en realidad, pedir Amor. La persona puede ahora, optar por ver fortaleza y devoción en la mesera y, de esta manera, puede pasar por alto (perdonar) la forma en la cual se comporta. Esta persona ha tomado una actitud de Amor y aceptación, la cual demuestra dejando una justa propina.

En ambos casos, la forma externa que los ojos y los oídos registran, es la misma. Sin embargo, en la primera escena los eventos son vistos a través de la ventana del miedo y, en la segunda, a través de la ventana del Amor.

El día de hoy, permítase que su única meta sea el lograr la paz interior poniendo toda su atención en los siguientes pensamientos: El día de hoy no juzgaré nada de lo que ocurra. Todo lo que suceda me proporcionará la oportunidad de experimentar Amor en lugar de miedo.

Lección 8

Este instante
es lo único que existe

Este instante es lo único que existe

iempre he pensado que tenemos mucho que aprender de los niños. Los niños aún no se han adaptado al concepto del tiempo lineal con un pasado, presente y futuro. Ellos viven únicamente en el presente, en el *aquí y ahora*. Tengo la corazonada de que ellos no ven al mundo de manera fragmentada. Sienten que forman parte del mundo como un todo. Creo que los niños representan la inocencia, el Amor, la sabiduría y el perdón verdaderos.

Sin embargo, al crecer, aceptamos los valores de los adultos que enfatizan el que nuestro pasado se proyecte hacia nuestro presente y el que anticipemos el futuro. Nos es muy difícil poner en duda la validez de nuestros conceptos del pasado-presente-futuro. Creemos que el pasado se repetirá en el presente y en el futuro, sin posibilidad alguna de poder cambiar las cosas. Por consecuencia, creemos que vivimos en un mundo que nos llena de miedo, en el cual, tarde o temprano, encontraremos sufrimiento, frustración, problemas, depresión y enfermedad.

Cuando nos aferramos, alimentamos y nos atamos a nuestras culpas y rencores del pasado, creemos que podemos predecir un futuro similar. Por lo tanto, el pasado y el futuro se funden en uno solo. Nos sentimos vulnerables cuando creemos que nuestro pasado, lleno de miedos, es real. Olvidamos que nuestra única realidad es el Amor, y que el Amor existe en este instante. Si nos sentimos vulnerables, esperamos que lo que nos sucedió en el pasado se repita. Vemos lo que esperamos, y propiciamos y provocamos que ocurra lo que esperamos. De esta manera, recirculamos nuestras culpas y miedos pasados de manera continua.

Una manera de liberarnos de "nuestra basura arqueológica" es darnos cuenta de que el aferrarnos a ella no nos proporciona lo que deseamos. Cuando nos percatamos de que no hay razón alguna para recircular toda esa basura, podemos eliminar los obstáculos que nos impiden ser libres para Amar y perdonar. Sólo de esta manera podremos ser verdaderamente felices.

"Este instante es lo único que existe" puede convertirse en toda una eternidad. El futuro se convierte en una extensión del presente, lleno de paz, que nunca se termina.

Preocuparme por el pasado y temer que éste se proyecte hacia el futuro, frustra mi objetivo de lograr la paz en el presente. El pasado ya se fue y el futuro todavía no llega. No puedo encontrar la paz en el pasado o en el futuro, únicamente la puedo encontrar en este instante.

Estoy decidido a vivir el día de hoy sin fantasías sobre el pasado o el futuro. Este instante es lo único que existe.

Ejemplo

Esta carta me la envió una enfermera llamada Carolina, quien es una amiga entrañable. Ya habíamos hablado con anterioridad de cómo la curación (la paz interior que llega cuando nos liberamos de nuestros miedos) puede ocurrir en un solo instante.

Febrero 25

Querido Jerry:

Recientemente me he encontrado en diversas situacio-

nes en las cuales he hablado mucho sobre el amor incondicional y la importancia de respetar la esencia de uno mismo, librándonos de nuestros miedos. Yo creo que a todos nos gusta hablar de las cosas que estamos aprendiendo.

Tuve un sueño en el cual estaba sentada frente a un ser humano feo, deforme, infeliz y me inspiraba miedo. En el primer momento sentí la necesidad de huir. Pero me relajé y miré hacia dentro de mí misma. Entonces me pude percatar de la relación que había entre ese ser y yo. Mientras se desvanecía el aspecto ilusionario de la interpretación que había hecho mi ego, una fuerte luz emitió un brillo, divinidad e inocencia que nunca antes había visto. Abracé a esa persona con un amor genuino que nunca antes había experimentado. Esta persona recibió mi amor, y nuestras almas se fundieron en una sola con un gran gozo. Este otro ser era yo misma y yo era ese otro ser; celebramos nuestra integración. Conocí el sentimiento verdadero del amor, del respeto y del perdón. Nunca olvidaré la manera en que pude sanar completa y absolutamente en un instante. Ahora entiendo perfectamente lo que me decías.

Con verdad y con amor
Carolina

Quise compartir esta hermosa carta con usted porque los regalos deben ser compartidos. La carta de Carolina me sigue siendo muy útil en los momentos en que siento que algo me vincula con mi pasado y me parece difícil perdonarme a mí mismo y perdonar a los demás.

Este instante es lo único que existe

Lección 9

El pasado quedó atrás
y ya no me puede dañar

El pasado quedó atrás
y ya no me puede dañar

uando pensamos que alguien nos ha lastimado en el pasado, creamos defensas para no ser lastimados nuevamente en el futuro. De esta forma, el pasado, que nos llenó de miedo, provoca que el futuro esté también lleno de miedo y el pasado y el futuro se funden en uno solo. No podemos Amar cuando sentimos miedo. No podemos Amar cuando sentimos culpa. Cuando nos liberamos de los miedos de nuestro pasado y perdonamos a los demás, podemos experimentar el Amor total y la unidad con los demás.

Parece que consideramos "natural" utilizar nuestras experiencias pasadas como puntos de referencia para juzgar al presente. Sin embargo, el resultado es que vemos el presente a través de lentes oscuros y distorsionados.

Para poder ver a las personas cercanas a nosotros

—nuestra pareja, nuestro jefe o nuestros compañeros de trabajo— como realmente son, debemos aceptar que su pasado y nuestro pasado ya no tienen validez alguna en el presente.

Permitir que cada segundo sea para nosotros una nueva oportunidad para renacer es ver el presente sin prejuicios ya establecidos. De esta manera nos liberamos a nosotros mismos y liberamos a los demás de todos los errores del pasado. Esto nos permitirá respirar con toda libertad y experimentar el milagro del Amor al compartir esta liberación mutua. También hará posible que sanemos en un instante en el cual el Amor siempre está presente, aquí y ahora.

El querer controlar y predecir el futuro es lo que nos mantiene atados a nuestro dolor y a nuestras culpas del pasado. La culpa y el miedo, que crean nuestras mentes, nos motivan a creer en esta continuidad del tiempo.

Si sentimos que alguien nos ha rechazado, criticado o ha sido injusto con nosotros en el pasado, veremos a esa persona como alguien que nos agrede. Esto refuerza nuestro miedo y también tratamos de agredirla. Liberarnos del pasado significa no culpar a nadie, incluyendo a nosotros mismos. Significa no guardar rencor y aceptar a todos sin excepción. Significa estar dispuestos a ver únicamente la luz de los demás, y no la pantalla que cubre su luz.

El miedo y el Amor, la culpa y el Amor, no pueden existir al mismo tiempo. Si sigo proyectando el pasado hacia el futuro seré un esclavo del tiempo. Si perdono y no me aferro al pasado, me liberaré de todo ese peso tan doloroso que siempre he llevado a cuestas en el presente. Ahora yo puedo hacer valer mi derecho de ser libre en el presente sin cargas pasadas.

Ejemplo

En 1975 dirigí un seminario sobre *A Course in Miracles* unos pocos meses después de haber empezado a estudiar estos escritos. En el receso, me abordó una pareja como de unos 60 años. Me dijeron que al día siguiente iban a ir al hospital a visitar a su hijo de 35 años, un esquizofrénico crónico. Me pidieron que les aconsejara cómo podían aplicar los principios del *Curso* en dicha visita.

En realidad no sabía qué decir, así que recurrí a mi voz interior para que me guiara. Las palabras que pronuncié me sorprendieron. Dichas palabras no parecían ser mías, aunque a usted ya le serán familiares, ya que desde entonces éstas se han convertido en una parte de mí mismo y, por lo tanto, de este libro. Les contesté lo siguiente:

"Antes de ir a visitarlo, inviertan todo el tiempo

que les sea posible, en deshacerse de todos los pensamientos y experiencias pasadas de miedo, dolor y culpa que hayan tenido en relación con su hijo. Libérense de cualquier culpa que sientan por la condición en la que su hijo se encuentra. Hagan uso de su imaginación activa y coloquen todos sus miedos, culpas y dolor en un cesto de basura y aten el cesto a un globo amarillo lleno de helio. Escriban en el globo, *'Yo me perdono por haber tenido percepciones erróneas'*. Entonces observen cómo el globo, lleno de basura, desaparece en el cielo. Pongan mucha atención a la sensación de alivio y de libertad que sienten".

"Cuando lleguen al hospital y el doctor les informe del comportamiento de su hijo, hagan caso omiso de cualquier cosa que él les diga. Pasen por alto lo que sus ojos y oídos reporten. Opten por ver a su hijo únicamente a través de la ventana del Amor. Vean la luz del Amor en su hijo y la luz de su propio Amor como una sola luz. Gocen de la dicha que proporciona la paz y tomen conciencia de que la función del Amor es unir todas las cosas en el Amor mismo."

Una semana después, recibí un hermoso regalo, una carta de esta pareja en la cual me relataban que cuando habían visitado a su hijo habían experimentado una paz que nunca antes habían sentido.

El día de hoy elijo ejercer el derecho que tengo a liberarme del dolor y sufrimientos que experimenté en el pasado y vivir únicamente en el aquí y ahora.

Lección 10

Yo puedo sentir paz en lugar de lo que siento

Yo puedo sentir
paz en lugar de lo que siento

uchas personas vivimos la vida con la creencia de que nuestra felicidad o infelicidad está determinada en gran medida por lo que ocurre en nuestro entorno y por las reacciones de las otras personas hacia nosotros. Con frecuencia sentimos que nuestra felicidad depende de la buena o mala suerte, por lo cual asumimos muy poca responsabilidad.

Olvidamos enseñar a nuestras mentes a cambiar nuestras percepciones del mundo y de las cosas que se encuentran en él. También olvidamos que la paz interior es un asunto únicamente nuestro y que sólo una mente que goza de paz puede percibir paz en el mundo.

Existe la tentación de reaccionar con ira, depresión o conmoción a causa de las interpretaciones que hacemos de los estímulos externos. Dichas interpretaciones están necesariamente basadas en una percepción incompleta.

Cuando vivimos en el pasado o cuando estamos anticipando lo que ocurrirá en el futuro, estamos viviendo en el reino de la fantasía. Cualquier cosa que sea real en nuestras vidas únicamente puede ser experimentada ahora. Cuando tratamos de revivir el pasado —no importa que éste haya sido feliz o infeliz— lo que estamos haciendo, en realidad, es obstaculizar las posibilidades que tenemos de vivir experiencias nuevas en el presente. Por lo tanto, nos encontramos en un estado permanente de conflicto en relación con lo que está sucediendo en el presente y somos incapaces de aprovechar las oportunidades —que siempre se encuentran a nuestro alrededor— de lograr la paz y la felicidad en el presente.

La mayor parte del tiempo yo veo un mundo fragmentado en el cual nada parece tener sentido. Los fragmentos y las piezas sueltas que percibo de mis experiencias diarias reflejan el caos que prevalece en el interior de mi mente. El día de hoy, daré la bienvenida a una nueva percepción de mí mismo y del mundo.

Ejemplo A

Mi madre tiene 88 años. A mis 54 años, a menudo me sorprendo haciendo todo lo posible por complacerla y tratando de cambiar muchas de las cosas que la hacen sentir infeliz. Cuando no logro hacerlo me siento mal y siento la tentación de percibir a mi madre como una persona que demanda mucho de mí o que me rechaza, cuando, en realidad, ella simplemente está pidiendo ayuda.

He descubierto que necesito recordar que *yo soy* el responsable de las emociones que experimento, y que mi madre no es la causa de que yo no tenga paz —yo mismo soy la causa.

La lección, "Yo puedo sentir paz en lugar de lo que siento", me recuerda que la opción está entre elegir paz o conflicto, Al llevar a la práctica esta lección de manera consistente, puedo entonces elegir ver a mi madre de una manera diferente. Puedo optar por aceptar a mi madre, tal y como es, sin querer cambiarla. Esta percepción me permite ver el Amor que existe entre nosotros y aceptar que ella sigue siendo uno de mis maestros más importantes.

Ejemplo B

Cuando estamos enfermos, surge la tentación de quejarse, de sentir lástima por nosotros mismos, de enfocar toda nuestra atención hacia nuestro cuerpo y de sentirnos incapacitados por nuestro dolor y malestar.

En este estado, nuestros sentimientos de ira, irritabilidad y depresión únicamente refuerzan una sensación generalizada de impotencia y desesperación.

En nuestro trabajo con los niños del Centro hemos descubierto que podemos aprender a ser felices —en lugar de sentirnos deprimidos— si ayudamos a otros. Estos niños nos están enseñando que cuando estamos enfermos o incapacitados, podemos elegir dirigir nuestras mentes fuera de nuestros cuerpos y sus dolencias y enfocar toda nuestra atención hacia el ayudar a otros.

En el momento en que dirigimos nuestra atención hacia la forma en que podemos ayudar a otros, dejamos de percibirnos a nosotros mismos como personas que están enfermas o que sufren dolor, y descubriremos el verdadero significado de: *"Dar es recibir"*.

Cuando sienta que su paz interior está amenazada por alguien o por algo, repítase a sí mismo: Yo elijo ver la unidad de paz en lugar de la fragmentación del miedo.

Yo puedo sentir paz en lugar de lo que siento

Lección 11

Yo puedo elegir cambiar los pensamientos que me lastiman

Yo puedo elegir cambiar
los pensamientos que me lastiman

l libre albedrío y la opción de elegir son atributos inherentes de la mente y esto es algo que tendemos a olvidar. Todos hemos atravesado por la experiencia de habernos sentido atrapados en una situación, de la cual no parecía haber escapatoria.

He aquí una sugerencia que podría ser útil en dichas circunstancias. Usted puede utilizar su imaginación creativa para encontrar la solución al problema. Imagine una pared y una puerta, sobre la puerta coloque un letrero rojo que diga "salida". Visualícese abriendo la puerta, atravesándola y cerrándola firmemente después de haberla cruzado. Usted ya no tiene ese problema, ya que lo ha dejado atrás de la puerta. Experimente la sensación de su libertad recién adquirida, visualícese en un lugar en el cual usted no tiene ninguna preocupación y no tiene que hacer nada que no le guste. Cuando esté listo para abandonar su refugio de felicidad, conserve dentro de sí esa nueva sensación de liberación. Bajo esta nueva percepción de las cosas, usted encontrará la manera de solucionar su problema.

Nosotros podemos experimentar una sensación de gozo y bienestar si percibimos a las cosas, no como problemas sino como oportunidades para aprender.

> En mi mente hay pensamientos que me pueden lastimar o me pueden ayudar. Yo soy quien elige mis propios pensamientos —nadie más puede hacerlo—. Puedo optar por liberarme de todos los pensamientos que no sean pensamientos de Amor.

Ejemplo

El episodio tuvo lugar en el Hospital Stanford Lane, el cual estaba entonces ubicado en San Francisco.

En las circunstancias que voy a relatar, me sentía atrapado e inmovilizado por el miedo. Sentí un dolor emocional y creí que me amenazaba un dolor físico. Ciertamente, mi pasado estaba distorsionando mi percepción del presente y, claramente, no estaba experimentando paz interior o gozo.

Un domingo a las 2 de la mañana me llamaron

porque un paciente de la sala psiquiátrica de repente se había tornado furioso. El paciente, a quien nunca había visto, había ingresado al hospital el día anterior con un diagnóstico de esquizofrenia aguda. Alrededor de diez minutos antes de que yo lo viera, él había logrado desprender el marco de madera de la puerta. Miré a través de una pequeña ventana que tenía la puerta y vi a un hombre que medía 1.92 metros y pesaba 127 kilos. Estaba desnudo y corría por todo el cuarto, sosteniendo en una mano el trozo de madera lleno de clavos. Murmuraba cosas que yo no podía entender. En realidad yo no sabía qué hacer. Dos enfermeros, que medían aproximadamente 1.52 metros, me dijeron: "Nosotros lo ayudaremos, Doc.", lo cual no logró tranquilizarme.

Entre más observaba al paciente a través de la pequeña ventana, más me percataba de lo asustado que éste se encontraba. También empecé a tomar conciencia de que yo también estaba muy asustado. De pronto entendí que el paciente y yo teníamos algo en común —ambos teníamos mucho miedo— y que podía utilizar esto como un lazo de unión.

Sin saber qué otra cosa hacer, le grité a través de la puerta: "Soy el Dr. Jampolsky. Quiero entrar y ayudarlo pero me da mucho miedo. Tengo miedo de que usted me lastime y tengo miedo de que usted salga lastimado. ¿Usted no está asustado?" El paciente se volvió hacia donde yo estaba y me contestó: "¡Maldición! Tiene usted razón. Estoy muy asustado".

Ambos seguimos gritándonos, el uno al otro, que teníamos mucho miedo. En cierta forma nos convertimos en terapeutas mutuos. Nuestras voces fueron bajando de tono y el miedo que sentíamos empezó a desaparecer. Entonces él me permitió entrar, hablar con él, darle un medicamento oral y salir del cuarto.

Para mí, esto fue una experiencia muy importante de la cual aprendí mucho. Primero había visto al paciente como un enemigo en potencia, el cual podía lastimarse. (Mis experiencias pasadas me decían que una persona que parecía estar trastornada y que tenía un trozo de madera en la mano era peligrosa). Yo elegí no utilizar el recurso manipulador de la autoridad, lo cual únicamente hubiera servido para provocar más miedo y separación entre nosotros. Cuando pude encontrar algo que nos unió, el miedo que ambos sentíamos, y sinceramente le pedí ayuda, el paciente se unió a mí. Entonces pudimos estar en una posición en la cual nos pudimos ayudar mutuamente. Cuando vi a este paciente como mi maestro, en lugar de verlo como a un enemigo, él me ayudó a reconocer que tal vez todos estábamos dementes y que lo único que variaba era la forma en la cual nuestra demencia se manifestaba.

Estoy decidido a que, el día de hoy, todos mis pensamientos estén libres de miedo o culpa y que no juzgaré ni a los demás ni a mí mismo. Yo puedo optar por cambiar todos los pensamientos que me lastiman.

Lección 12

Yo soy responsable
de lo que veo

Yo soy el responsable de lo que veo

Yo elijo los sentimientos que experimento,
y yo decido la meta que quiero lograr

Yo mismo soy la causa de todo lo que me sucede,
y recibo lo que yo mismo he provocado

Enseña únicamente amor
ya que eso es lo que tú eres

Esta edición se imprimió en Julio de 2007. Impre Imagen
José María Morelos y Pavón Mz 5 Lt 1 Ecatepec Edo de México.